シリーズ
子育てのうしろだて

発達障害&
グレーゾーンの子どもを
「急《せ》かさず」「怒《おこ》らず」
成長を引き出す言葉かけ

東京大学名誉教授
家族・保育デザイン研究所代表理事
汐見稔幸 監修

おうち療育アドバイザー
浜田悦子 著

実務教育出版

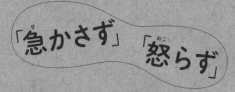

はじめに

本書は、発達障害やグレーゾーンの子どもの問題行動を落ち着かせ、発達や成長を促す言葉かけを解説しています。特に、2歳頃から小学校低学年頃までの子に対する、自宅でできる療育的な関わりについて触れています。

その年齢の子を対象とする理由は、2つあります。

1つは、「発達障害者支援法」で発達障害の早期発見が定められたことにより、低年齢のうちに診断される子どもが増えたこと。

もう1つは、個人差はありますが、「発達障害やグレーゾーンの子が周りとの違いに気づくのは小学校2年生頃から」と言われていること。お友達と比べてできないことや注意されることが増えると、自己肯定感の低下につながります。そして、多くの親御さんや支援者の方の話を総合すると、不登校、暴力、うつなどの二次的な障害が小学校3年生以降に出ることが多いと感じています。ただ、わたしはそれまでの理解や関わりで、それらを軽減することができると考えています。

「自宅で療育《りょういく》」と聞くと、「親にできるの?」という疑問や、「親が、療育の先生になってはいけない」という意見があるかもしれません。でも、一番長い時間を過ごして安心できる「自宅」こそが、お子さんのつまずきを理解し、成長を引き出すことができる最適な環境だと言えます。

特に、発達障害やグレーゾーンの子は、自宅での生活と、保育園や学校などでの集団生活とでは、同じ子とは思えない言動をすることがあります。自宅では落ち着いているのに、保育園では問題行動やトラブルをくり返してしまう。逆に、保育園ではまじめで頑張《がんば》り屋さんなのに、自宅ではささいなことで癇癪《かんしゃく》を起こしたり、きょうだいに手を上げたりする。人によって性格や特性は異なりますが、「自分自身をうまくコントロールできない」という共通点があります。

突然の変化に弱かったり、人や環境に振り回されたりする発達障害やグレーゾーンの子が、自分をコントロールできるようになるためには、信頼できる人や安心できる場所がとても大切。自宅で療育的な関わりをすることで、子どもの心や行動が安定し、園や学校という集団生活でも自分の気持ちや行動をコントロールできるようになるのです。

わたしは、息子の診断（自閉スペクトラム症）がきっかけで、発達支援センターの指導員となりました。現役の母と指導員経験を生かし、発達障害やグレーゾーン専門の子育て講師として、これまで約２３００人以上の親子や支援者の方をサポートしてきました。

息子に診断がついた当時、頭では「発達障害は脳機能の障害」だと理解していても、心のどこかで、「療育に行けば治るんじゃないか？　厳しくしつければ、そのうちみんなと同じようにできるのではないか？」と思っていました。発達支援センターの指導員を目指したのも、指導スキルを学べば自宅で息子に効果的な指導が直接できると思ったからです。当時は、「息子をどうにかして治したい」という気持ちでいっぱいでした。

でも、そんな気持ちが「カチっ」と切り変わった瞬間がありました。息子の癇癪《かんしゃく》が1日に何度も起こっていた頃です。毎日のように泣き叫ぶ息子に対抗するように大声で怒鳴《どな》ったり、暴れる息子を押さえつけたりしていて、「このままだと、いつか力で負ける…」という恐怖が襲ってきたのです。3歳とはいえ、癇癪のパワーはすさまじく、「この子が大きくなる前に何とかしなければ…」と思ったのです。

「講師」と言うと、子どものありのままを受け入れて、悩みがないように見えるようですが、そんなことはありません。息子に診断がついた時は、まるで受け入れることができませんでした。今でも「障害受容ができているか？」と聞かれたら、「分かりません」と答えるでしょう。子どもの成長とともに、新しい悩みや親としての葛藤《かっとう》もたくさん生まれます。そのたびにぶつかり、考え、息子のトリセツを一つひとつアップデートしている状態です。障害受容とは、こんな風にして一生かけてやっていくものなのだと思います。

この本で提唱したいのは、子どもの性格や特性に合った関わりをすることで、「結果的に療育的な関わりになる」ということです。自分自身の経験と、多くの親子のみなさんに関わって確信したことは、子どもと親の間には、本当にささいなすれ違いでできた溝やつまずきがあり、それが信頼関係に大きく影響しているということ。子どもが悪い、親が悪いではなく、そのすれ違いをひも解くことで子どもを理解でき、お子さんの成長を引き出す関わりができるようになるのです。

また、本書の内容は、発達障害やグレーゾーンに当てはまらない子どもにも有効です。どんな子も持って生まれた性格や特性があります。わたしの講座に参加してくださったママさんからは、「グレーゾーンの長男のために受講したけど、次男のことが思い浮かんだ」「診断がついている次女のために受講したが、診断がついていない長女にも当てはまることがたくさんあった」などの声をいただいています。子育てをする親御さんはもちろん、小学校や保育園などの先生にもオススメします。

発達障害は脳の機能障害で、親のしつけや育て方のせいではないといっても、子どもの問題行動やマイペースさを目の当りにすると、心のどこかで「子どものせい」「親のせい」にしてしまうことがあるのではないでしょうか。それくらい、子育てや養育は大変だということです。でも、発達障害やグレーゾーンの子が見ていることや感じていることを理解できると、見る目やかける言葉も変わってきます。

この本では、診断名ではなく、様々な状況に合わせた解説や対処法を紹介しています。
ぜひ、子どもの問題行動の原因を理解し、彼らが本来持つ力や成長を引き出す言葉かけを試してみてください。

2023年4月

おうち療育アドバイザー　浜田悦子

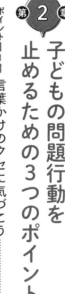

第3章　自分の言葉かけのクセに気づくコツ

第4章　「共感された！」と子どもが感じる言葉かけのコツ

第5章 子どもの問題行動に反応しないコツ

装丁デザイン：山田和寛＋佐々木英子（nipponia）
本文デザイン：佐藤純（アスラン編集スタジオ）
イラスト：イケマリコ

第1章

なぜ「今の言葉かけ」ではうまくいかないのか？

そろそろ8時だね。幼稚園のバスが来る時間だからテレビを消して準備しようね。幼稚園のバッグ

「何をやってもうまくいかない…」。子どもの問題行動に悩んでいると、そんな風に思うかもしれません。実はよかれと思ってやっていることが、逆効果になっている場合があるのです。まずは、言葉かけがうまくいかない原因についてお話します。

1

「注意」のつもりが「刺激」になっている

お子さんが、お友達や家族に物を投げたり、乱暴な言葉を使ったりするのを目の当たりにすると、親として「早くやめさせなきゃ！」と焦《あせ》ってしまいますよね。また、周りから「しつけができていないな」と思われる気がして、必要以上に子どもを怒ってしまうこともあるかもしれません。

特に、衝動性《しょうどうせい》の傾向がある子、自分の気持ちを言葉で伝えることが難しい子は、言葉より前に手が出たり、物を投げたりして気持ちを表現することが多いので困ります。

ただ、理由が何であれ、周りに迷惑をかけたり、イヤな気持ちにさせたりする様子を見ると、「この子はずっとこのままなのかもしれない…」「もっとエスカレートしたら、お友達から嫌われたり、仲間はずれにされたりするのでは…」と不安や心配でいっぱいになります。だからこそ、「タブレットを投げちゃダメ！」「〇〇君がイヤな気持ちになるでしょ！」などと注意したり、相手の気持ちを考えさせたりすると思います。

子どもは「言葉」より「刺激」に注目している

お子さんへの注意には、「その行動をしないでほしい」という親御さんの願いが込められています。でも、何度注意しても、落ち着くどころか「むしろ以前と比べて、よくない言動が増えているような気がする…」と感じる方もいらっしゃるでしょう。それには、次のような原因が隠れているのです。

子どもがお友達におもちゃを投げつけ、ママが注意する場面で考えてみます。ママの声や表情にはいつもと違う変化が起こります。声は大きく低く（または高く）なり、目や口も大きく見開かれます。その時、子どもはいつもと違うママの「大きな声」「怒った表情」という〝刺激〟に注目している可能性があります。

〝刺激〟とは、何らかの反応を起こしたり、行動の原因となったりするもの。**いつもより変化の大きな〝刺激〟が、「ママが自分を見てくれた！」という「うれしい反応」に変換されてしまう。**つまり、「注意」が、子どもには「ご褒美《ほうび》」になっているのです。

親の気を引くために危ないことをして注目されようとする

自分に注目してもらうための問題行動

わたしが、発達支援センターで指導員をしていた時のお話です。あるお子さんの個別療育が終わり、フィードバックをするために、ママと話をしていました。すると、2歳のお子さんが、こちらをチラチラ見ながら、高いイスや机の上に登ろうとしています。ママがわたしと話をしていて、自分への視線や言葉かけなどの「反応」がないので、気を引こうとしていたのです。「子どもはよ～く見ていますね」という会話をしたことを、今でも覚えています。

このような傾向があるお子さんは、どうすれば注目されるのかを理解しています。周りをじっくり観察しながら、問題行動をするのです。特に、夕方の忙しい時間帯や子どもの好きなゲームの時間が終わった後などに、よく注意していないでしょうか？　子どもの中には「ひとり遊び」が難しく、「暇な時間」ができると、きょうだいにちょっかいを出したり、ウロウロして物を投げたりするなどの問題行動を始めることがあります。

自由な時間は何をしていいか分からなくて苦痛

発達障害やグレーゾーンの子にとって、暇な時間や自由な時間は苦痛です。**大好きなゲームや本、興味のある活動には集中して取り組むことができますが、それができない時は自分の中にある選択肢からやりたいことを見つけることができないのです。**おもちゃに囲まれていても、遊ぶ順番を決められないお子さんもいます。要するに、何をしたらいいのか分からなくて困っている状態です。

「暇だから」といって、きょうだいゲンカや両親から怒られることをするのはもちろん適切ではありません。ただ、それは、きょうだいや両親からの「反応」が、「ご褒美」になっていることが原因の場合があるのです。

2

子どもができないことを長々と指示している

毎朝、幼稚園のバッグにハンカチ・ティッシュ・お弁当の３つを入れるだけなのに、できない。何度教えても、お子さんが朝の準備をできず、困っている親御さんはいないでしょうか。このような状況だと、「どうしてこんなカンタンなこともできないの？」と朝からイライラしてしまいますよね。

やり方が分からないなら、もっと丁寧に指示を出そうと考えるかもしれません。でも実は、**「指示が丁寧過ぎるあまり、子どもに伝わらない」ということがある**のです。

「そろそろ8時だね。幼稚園のバスが来る時間だから、テレビを消して準備をしようね。幼稚園のバッグ、どれか分かるかな？　黄色いバッグだよね。その中に入れるのは、ハンカチとティッシュだよ。ハンカチとティッシュはｉＰａｄが置いてある下の引き出しの中から好きなものを選んで入れてね。あと、お弁当がないと困っちゃうから、忘れずに入れようね。お弁当は朝ごはんを食べたテーブルの上に置いてあるよ」

みなさん、このような言葉かけをしていませんか？　長いと感じま

指示は"短く・シンプル"に！
そろそろ
8時だね。幼稚園の
バスが来る時間だから
テレビを消して準備しようね。
幼稚園のバッグ〜〜〜。

したか？　短いと感じましたか？　時間にしてみると、30秒くらいです。最初はシンプルに伝えていても、いつまでもテレビに夢中になっていたり、ボーッとして行動できなかったりすると、つい言葉を重ねてしまいますよね。

子どもを動かす指示のコツ

中には長い指示を理解し、行動できる子もいます。でも、**もしお子さんが行動できない場合は、〝短く・シンプル〟を意識することで伝わりやすく、**行動しやすくなるのです。なぜなら、**発達障害やグレーゾーンの子どもは自分が知っている単語や、興味・関心のある言葉だけを聞いている**からです。

わたしたちが人の話を理解する時、表情やジェスチャーを見たり、文脈を把握《はあく》したりして、総合的に判断します。でも、発達障害やグレーゾーンの子どもは、このようなことが苦手です。

「木を見て、森を見ず」という言葉がありますが、これは「小さいことに心を奪われていると、全体を見通すことができない」という意味

なじみのある言葉に気を取られ、話を理解できない

です。この言葉に象徴されるように、細かい部分に注目するのは得意だけれど、全体を見たり、客観的に判断したりするのが難しい子がいるのです。

先ほどの朝の言葉かけは、準備（行動）を促すためのものですが、発達障害やグレーゾーンの子の視点で考えると、「バス」「テレビ」「iPad」などのなじみのある言葉が頭の中に浮かんでしまい、行動に移せない原因になってしまいます。

「幼稚園」や「お弁当」は行動に移せない原因に当てはまらないのだろうかと思いましたか？「幼稚園」は、日によって活動内容や遊び方が変化します。「お弁当」も、ご飯やサンドイッチなど、中身が変わることがあります。このように、**形などが変化しやすく、一定のパターンをイメージしにくい言葉も、行動に移せない原因になる場合があります。**

言葉かけのクセを洗い出そう

カンタンな朝の準備もできないと、「やっぱりうちの子、発達がゆ

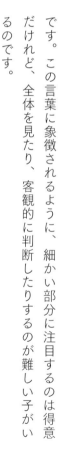

普段の言葉かけをシンプルに見直そう

っくりなのかな…」と不安になるかもしれません。でも、お子さんが行動できない原因は、単に親御さんの言葉かけが長いだけなのかも。ぜひ、シンプルな言葉かけを試してみてください。

シンプルな指示を心がけても、つい長くなることもあります。今までのパターンを変えるために、一度、普段の言葉かけを録音してみることもオススメ。それを聞いたり書き出したりしながら、シンプルな言葉かけに整えましょう。朝はできるだけスムーズに送り出してあげたいですよね。言葉かけの見直しで、お互いのストレスを減らしてみてください。

指示をシンプルにして、お子さんが理解できたとしても、スムーズに行動できない場合は、もしかしたら幼稚園に行くことに対し、イヤな気持ちがあるのかもしれません。どちらも気にかけて、お子さんを見ていけるといいですね。

3

子どもにとってのスモールステップになっていない

子どもに課題を与える時は、スモールステップが有効です。目標や課題を細かく分解し、少しずつクリアさせます。すでに取り入れている方もいらっしゃるかもしれませんね。でも、「なかなかスムーズに行かないな…」と感じていないでしょうか。

その原因の1つが、親御さんはスモールステップのつもりでも、子どもにはスモールステップではないことです。次のような例で考えてみましょう。

【例 お箸《はし》を使えるようになるためのスモールステップ】
- 課題…お箸を使って食事ができるようになること
- 親御さん考案スモールステップ…ご飯を3口だけ補助箸で食べる
- 子どもの特性…不器用・偏食《へんしょく》・姿勢が崩れやすい
- 食事の雰囲気…偏食のため、食事に前向きではない。姿勢が崩れやすく、注意しないとすぐにだらけてしまう

「補助箸を使って、ご飯を3口だけ練習する」というのは、お箸を使うのが苦手な子どもに有効なスモールステップに感じますよね。補助箸ですし、たった3口ですし、練習しないとうまくならないですし、

一度に複数のことに意識を向けられない

これくらい頑張ってほしいところです。

でも、このスモールステップでうまくいくのは、「ご飯が大好きで、3口以上、補助箸で食べたいと思っているお子さん」です。意外と狭い範囲ですよね。

お子さんの特性に「偏食」が入っていますが、もしこの子がご飯嫌いだったら、もはやスモールステップではなくなります。なぜなら、「苦手なお箸の練習」と「嫌いなご飯を食べる」という課題が、2つもあるからです。同様に、もしご飯が好きでも、「姿勢が崩れやすく、注意しないとすぐにだらけてしまう」ということから、「姿勢を正す」「姿勢を保つ」という2つの課題が入っています。「お箸を使う」という課題自体は分解できても、他の課題に意識を取られる場合があるのです。

課題は1つに絞る

発達障害やグレーゾーンの子どもは、一度に複数のことに意識を向けることができません。お箸、食べること、姿勢など、次々に注意を

本人のタイミングを待つのもサポートの1つ

受けると、どこに集中していいのか分からなくなり、何も上達しないという結果を招きかねません。できていないことは、その場ですぐに指摘したほうが子どもに伝わりやすいと思うかもしれませんが、**課題を1つに絞って取り組むことが一番の近道です。**

わたしの息子も、不器用でお箸が苦手でした。当時は必死になって練習させ、補助箸もいくつ購入したかわかりません。いつまでも上達せず、イライラしっぱなし…。食事の雰囲気が険悪になり過ぎたので、「もう、やめよう」とお箸の練習をいったんお休みしました。

今では中学2年生になりましたが、自宅では保育園の頃から使っているフォークで食事をしています。でも、学校や外出先では、お箸どころか、ナイフとフォークも上手に使うことができるようになりました。**「本人のタイミングを待つ」というのも、サポートの1つかもしれない**と感じています。

本当のスモールステップ

補助箸などの実物で練習させる時、お子さんが楽しんでいるなら問

大切なのは、子どもが楽しくできること

題ありませんが、苦手意識を持っている場合は要注意です。「できない」「難しい」「怒られる」というイメージを抱き、実物を見た瞬間に拒否反応を持ってしまうことがあります。そのような時には、「実物以外」のスモールステップが必要です。

例えば、小さなトングを使って「つまむ」「力を入れる・抜く」を練習します。不器用なお子さんは、「指の位置」「力の入れ具合」「動かし方」などに課題を持っている場合が多く、持つ位置に印をつけたり、つまむものの硬さや大きさを変えたりすることで、指使いの動きを練習できます。

一番大切なのは、「子どもが楽しくできること」です。**本当のスモールステップとは、課題を分解して練習させるのではなく、知らず知らずのうちに子どもが「できた！」と感じられるサポートをすること。**「練習」だと思うと、テンションが上がりません。ぜひ、おやつの時間などを活用して、楽しく練習しましょう。

4

「感覚過敏」は治ると思っている

「感覚過敏《かびん》」という言葉を聞いたことがあるでしょうか。感覚過敏は、主に五感（視覚《しかく》、聴覚《ちょうかく》、味覚《みかく》、嗅覚《きゅうかく》、触覚《しょっかく》）などが鋭すぎて、生活に支障が出ます。発達障害やグレーゾーンの子どもは、感覚過敏を持っている場合があります。感覚過敏による症状や行動の例を見てみましょう。

- ザワザワと騒がしい場所に行くと、その場所から出ようとする
- 頻繁《ひんぱん》に耳をふさいだり、大きな声で話したりする
- 洋服にこだわりがあり、制服や体操着を着ることができない
- 給食の時間になると、ソワソワしたり、具合が悪くなったりする
- 偏食がある
- いつもまぶしそうで授業に集中できていない

五感の感覚過敏とは

「聴覚過敏」

音がすべて同じ音量で聞こえると言われます。授業で先生の話を聞きたくても、周りの友達がコソコソ話す声や、空調の音、他のクラスが校庭で体育をしている声などが同じ音量で聞こえてきます。そのた

め、集中したくてもできない、ボーっとしてしまうということが起きます。耳をふさぐ行動も、よく見られるかもしれません。

「触覚過敏」

洋服の素材や縫《ぬ》い目が肌《はだ》に当たると「痛い」と感じることがあります。特に、制服のシャツ・ブラウスなどの硬い素材や下着の縫い目を痛く感じたり、肌に発疹ができたりします。肌だけでなく、食感も敏感な場合があります。

「嗅覚過敏」

食べ物や、もの、場所などの「におい」にとても敏感です。ただ敏感なだけでなく、集中力の低下や体調不良につながることがあります。周りの人が「いいにおい」と感じていても、「嘔吐物《おうとぶつ》のにおい」に感じてしまうこともあるのです。

「味覚過敏」

「味」にとても敏感で、偏食につながることがあります。偏食を直すために、「一口だけ」とチャレンジさせたくなるかもしれません。でも、触覚過敏や嗅覚過敏と重複することで、食べた瞬間に吐《は》き戻したり、

舌を噛《か》みやすくなって口内炎ができやすくなったりする子もいます。

「視覚過敏」

「光」を人一倍まぶしく感じます。特に、蛍光灯の光がまぶしいため、授業中にノートを取ることや教科書を読むことに支障が出ることがあります。

感覚過敏は生まれつきの特性

お子さんの問題行動やわがままに見える行動を振り返ると、「もしかして感覚過敏かも？」と思うことがあるかもしれません。感覚過敏は1つだけではなく、重複している場合があります。

また、わがままや努力不足に見える行動もあるので、時には頑張らせたり慣れさせたりすることもあるでしょう。しかし、感覚過敏は我《が》慢《まん》しても慣れるものではなく、むしろストレスや負荷がかかってしまうと、パニックを起こすこともあります。逆に、感覚過敏につながる刺激を排除したり、環境に配慮したりすることで心が安定し、感覚過敏が落ち着いたように見えます。

感覚過敏は我慢して慣れるものではない

今振り返ると、わたしの息子も生まれた時から様々な感覚過敏を持っていました。1日中不機嫌で、「赤ちゃんが寝る音楽」をかけると余計に泣いてしまいました。離乳食もすべて吐き出すので、「あれなら食べるかな？」と次々に食材を試しました。

寝かしつけも離乳食も十分にできないと、母親としての力量が足りないと落ち込みます。ただ、感覚過敏の知識を学んでからは、息子も穏やかになりました。「あの頃、誰かが教えてくれていたら、もう少しラクだったのに…」と思います。

感覚過敏は、生まれつきの特性です。**感覚過敏を持っている子は、周りにいる家族や友達も自分と同じ感覚だと思い込んでいます。**そのため、周りと比べてできないことがあると、同じ環境なのに自分だけできないのは、「努力が足りないからだ」と己を責めてしまうことがあるのです。そうではないことを教えてあげましょう。

5
「こだわり」を「わがまま」だと思っている

お子さんのこんな行動に困っていませんか？

- **習い事やスーパーへの道順を変えただけで怒る**
- **遊んでいるおもちゃをちょっと触っただけで叩《たた》いてくる**
- **人をいいなりにさせようとし、従わないとパニックになる**

「どうしてこんなことで大騒ぎするの…」とうんざりしますね。自分勝手な行動が多かったり、周りの人を巻き込んだりすると、「先生やお友達にもしているのでは？」と、普段の様子が心配になります。「また、わがままが始まった…」と感じ、厳しく接している親御さんもいるでしょう。ただ、大騒ぎやパニックが1日に何度も起こる場合、お子さんの「こだわり」である可能性が高いのです。

不安が強いと出やすい「こだわり」

「こだわり」は、子どもが不安を感じている時に出やすくなるもの。親御さんにとっては面倒でも、お子さんにとっては理由があり、大きな意味を持っています。つまり、**何かにこだわることで、自分を落ち着かせようとしているのです。**

落ち着くために、強い「こだわり」を見せる

発達障害やグレーゾーンの子どもは、順番が決まっている、道筋が通っている、そろって並んでいることなどを好むと言われます。逆に、新しいことや変化、変更が苦手で、事前に説明しても理解できなかったり、パニックになったりします。自分が思っている見通しでないと、対応が難しいのです。

また、イヤなことやストレスを抱えていると、同じ行動をくり返したり、自分以外の人に行動を強要したりすることで、不安を軽減しようとします。それによって、「いつもと同じ」や「自分の見通し」を取り戻したいと思っているのでしょう。いつもしていることを、何かの都合で止められたり、やらなかったりしても不安が強くなり、このような行動につながることがあります。

こだわりへの関わり・サポート

今までわがままだと思っていた行動も、「もしかして、こだわりかな?」と視点を変えて観察することで、お子さんのこだわりの原因が見つかるかもしれません。ささいなことも多いですが、お子さんの不

子どもの「わがまま」は「こだわり」かもしれない

車を等間隔で並べているけど
これは、「こだわり」なのかな…
ダメ！
かして…

安を軽減したり、環境を整えたりすることで、こだわりがゆるむこともあります。

予定の変更が分かっている場合には、事前に伝えましょう。言葉だけの説明では伝わらないこともあるので、写真やイラストに数字を合わせて、スケジュールのように伝えると流れが理解しやすく、予定変更を受け入れやすくなります。

「こだわり」につながる様々な原因

こだわりは環境によっても大きく変化します。ある小学3年生の女の子の例をご紹介します。学校の先生とうまくいかず、ストレスがたまると登校しぶりや洋服へのこだわりが出る娘さんがいました。洋服は1セットしか着られず、ママが洗濯してドライヤーで乾かす毎日を過ごしていました。

日に日に娘さんの不安定さが強まり、ママも悩んだ末に特別支援学級で様子を見ることに。すると、一時は1セットしか着られなかった洋服が、3セットも着られるようになったのです。学年が上がって担

「こだわり」の原因は1つとは限らない

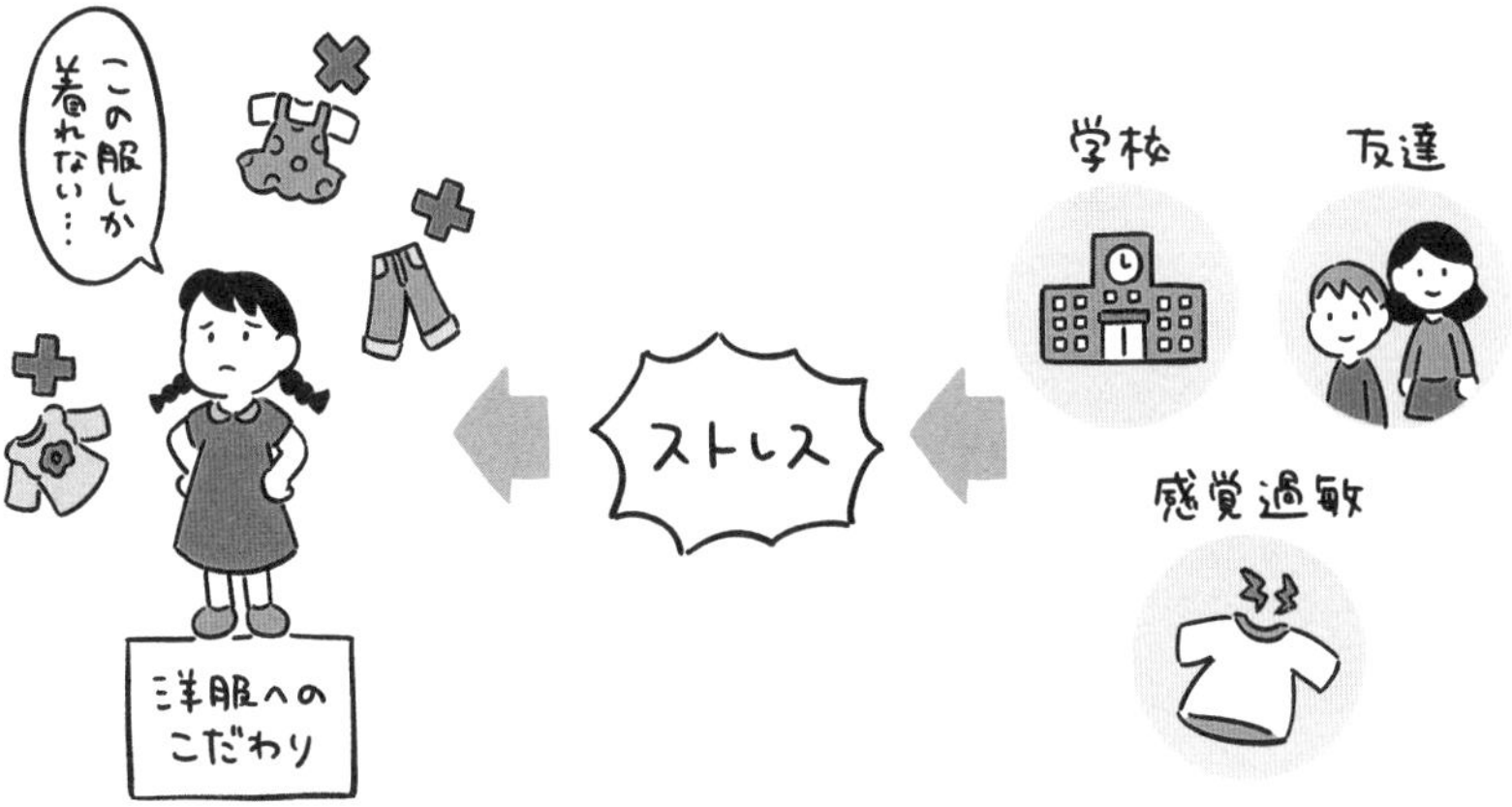

任が変わってからは、朝の集団登校にも参加でき、一般級に戻れるようになりました。

このケースには、学校という環境や、先生やお友達との関係、感覚過敏などの特性が関わっています。原因は1つではなく、様々な不安が「洋服へのこだわり」につながっていたと考えられます。でも、もし「我慢して着なさい！」と頭ごなしに叱《しか》っていたら、娘さんはますます不安が強まり、さらに問題行動や二次的な障害につながった可能性があります。

時間や心に余裕がなく、寄り添《そ》えない時もありますよね。そんな時は、「今日はできない」と伝えることも必要です。寄り添えない理由を口頭で長々と説明するのではなく、癇癪やパニックなどの行動が落ち着いた時に共感したり、「(寄り添えなくて) ごめんね」と謝ったりして、親御さんの気持ちをお子さんに伝えましょう。

6

1人でやらせることが自立につながると思っている

息子に診断がついた3歳頃、わたしはとても厳しく子育てをしていました。彼は質問に適切に答えることが難しく、例えば「今日は誰とここに来たのかな?」と聞かれると、「きいろ」と答えるような子でした。言葉は出れども、会話が成り立たない。

適切な答えが返ってこない苛立《いらだ》ちで、「そんなこと聞いていない!」と冷たく突き放したり、できないことを何度も練習させたりしていました。当時は、「みんなと同じように」「1人でできるように」と考えて接していました。脳機能の障害だと分かっていても、息子がこの先自立できず、苦労する大人になるのが不安だったからです。

発達障害やグレーゾーンの子は、園や学校という集団生活の中では、できないことや遅れていることが特に目立ちます。先生から指摘されて不安になることもあると思います。本当はやさしく寄り添いたいのに、厳しくしてしまう。子どもの寝顔に謝りながら、「明日はやさしくしよう」と心に決めたのに翌日になると怒ってしまう。それくらい、親としての責任やプレッシャーを感じているのでしょう。

1人でやらせることも、頑張らせることも、悪いことではありませ

「実行機能」が弱く、同じミスを何度もくり返してしまう

ん。親や周りのサポートを拒否し、全部1人でやりたいお子さんもいます。でも、何かしらのサポートは大切です。なぜなら、**発達障害やグレーゾーンの子どもは「失敗から学べない」と言われている**からです。

失敗から学べない理由

同じミスをくり返してしまう。本人もすごく怒ったり、落ち込んだりするのに、また同じことをする。子どものそんな姿を見ると、もどかしくなってしまいますよね。「失敗は成功のもと」という言葉がありますが、発達障害やグレーゾーンの子にはなかなか当てはまりません。その理由は、**状況を把握して計画を立て、自分の気持ちをコントロールするための「実行機能」と呼ばれる力が弱い**からです。

失敗から学ぶためには、起こったことを振り返り、同じ失敗をくり返さないように新しいアイデアを考える柔軟さが必要です。しかし、視野が狭く、臨機応変が苦手な子には、とても難しい課題になるのです。さらに、失敗をくり返すと、自己肯定感の低下にもつながります。

失敗したくないので、「できる！」と思えないと行動しない

例えば、はじめてのことやカンタンなことにも挑戦しないお子さんには、やり方を見せるのがオススメ。意欲がない、チャレンジ精神がないと思われがちですが、失敗することが嫌いなため、自分で「できる！」と思えないと、なかなか行動に移ることができないのです。

逆に、「できる！」と自信がつくと完璧にやりとげたりします。このようなお子さんの姿を目撃された親御さんも、いらっしゃるのではないでしょうか。やりたくない素振りを見せていても、本当は「やりたい」「できるようになりたい」と思っているのです。

一方で、やり方を見せても、スモールステップにしても、難しいこともあります。発達障害やグレーゾーンの「特性」があると、努力してもできるようになるとは限りません。失敗体験を重ね、自己肯定感の低下や自己否定をする前に、お子さんに「ヘルプサイン」のスキルを身につけてもらいましょう。

「ヘルプサイン」を身につけよう

ヘルプサインとは、自分が困った時や分からない時に、「助けて」「教

ヘルプサインを身につける

えて」「手伝って」と伝えること。もし、難しいことやできないことがあると、逃げたり機嫌が悪くなったりする場合は、ヘルプサインをうまく出せていない可能性があります。

実は、ヘルプサインは「出しなさい」と言ってすぐ出せるものではありません。「助けて」と言ったら助けてもらえる、「教えて」と言ったら教えてもらえる。このように、助けを求めて困り事や悩みが解消された成功体験がとても重要なのです。

朝のバタバタしている時や夕飯の支度《したく》をしている時に、ヘルプサインを出されても、すぐに助けてあげるのは難しいと思います。でも、ヘルプサインは子どもが自分自身を守るための大切なスキルなので、できるだけ対応してあげてください。

例えば、大人になって就職した際、どうしても苦手でできないことがあったとします。でも、ヘルプサインを出せず、努力しても怒られるのくり返しで心を壊してしまい、離職に追い込まれるということもあります。もし、ヘルプサインが出せたなら、状況は変わっていたかもしれません。

ヘルプサインを出すための信頼関係を築こう

そもそも、**ヘルプサインは「信頼関係」がないと出せません。**特に、発達障害やグレーゾーンの子は怒られたり注意されたりすることが多く、ただでさえ出すのが難しい状況にあります。まずは、自宅の安心できる空間で出せるといいですね。

自宅でのオススメの方法は、まずはママが「ヘルプサインを出す」ことです。例えば、食事の時にカンタンなお手伝いをお願いし、「ありがとう」と返します。子どもは大人の真似をしますし、お手伝いを感謝された子どもは、ヘルプサインに対してプラスのイメージを持ち、出しやすくなりますよ。

第2章

子どもの問題行動を止めるための3つのポイント

頑張りすぎて疲れたよー
今日も一日頑張ったね！

本章では、子どもの問題行動を自宅で止めるための３つのポイントを、２項目１セットでお話します。続く３章以降で、各ポイントについて、より具体的で実践的な方法を掘り下げていきます。

ポイント

1-1

言葉かけのクセに気づこう

わたしたちは子どもに、毎日何かしらの言葉かけをしています。生まれた時は、泣くことしかできなくても笑顔で語りかけていたはず。それなのに、イヤイヤ期を終え、幼稚園や小学校に入学したら、「なんだか育てにくい…」と思いながら、きつい言葉をかけていないでしょうか。特に、問題行動が頻繁に起こると、親御さんの口から次のような言葉がよく出ます。

- 問題行動をくり返す時 ➡「やめなさい！」「ダメでしょ！」
- マイペースに行動する時 ➡「早く！」「急いで！」「〇〇しなさい！」
- 指示したことをやらない時 ➡「何度言ったら分かるの！」「いい加減にしなさい！」

わたしの場合は、「早くしなさい！」「ダメでしょ！」が口グセでした。大声で注意するのはとてもラクです。「ママが怒ってる！」と子どもが気づいて焦るので、言うことを聞かせるのに手っ取り早いと思っていました。そこには、「どうしていつも困らせるの？」と息子を責める気持ちもあったのでしょう。

でも、ある日、息子が泣きながら「もっとやさしく言って…」と訴

厳しい言葉がしつけではない

えてきました。わたしは、息子に発達障害の疑いがあると言われてから、その事実を受け止められず、厳しく怒って彼の気持ちを抑えつける子育てをしていました。それがしつけだと思っていたのです。

しかし、その影響で息子は親の顔色をうかがう子になってしまいました。わたしが無表情でいるとビクビクしたり、機嫌を取ろうと話しかけたりしていたのです。今では、「本当にかわいそうなことをした…」と反省しかありません。当時はそんな気遣いも受け止められず、「怒ってないってば！」と威圧的《いあつてき》な言葉をかけていました。そんな状況の中、息子の声を振り絞るような訴えを耳にし、「変わらなきゃ！」と深く反省したのです。

抽象的な言葉は伝わらない

思わず口から出る言葉をもう少し考えましょう。「やめなさい！」「ダメでしょ！」「早く！」「急いで！」「〇〇しなさい！」「何度言ったら分かるの！」「いい加減にしなさい！」、これらの言葉はあまり深く考えず反射的に口から出がちです。でも、子どもにはなかなか届かないと感じませんか？　むしろ、泣いたりパニックになったり、別の問題

行動を誘発することも少なくありません。

なぜなら、これらはみんな「抽象的《ちゅうしょうてき》な言葉」だからです。**発達障害やグレーゾーンの子どもは、ボンヤリした言葉の意味や、相手の意図を受け取るのが苦手です。**昨日の「やめなさい」はきょうだいゲンカを止めるため、今日の「やめなさい」はご飯で遊ぶのを止めるためだったりします。その時々で状況が変わるため、子どもが言葉の意味を理解していない場合があるのです。

否定表現の言葉かけは伝わらない

言葉かけが否定表現になっていないかどうかも確認しましょう。**発達障害やグレーゾーンの子への声かけは、肯定表現が有効だと言われています。**その理由は、否定表現では物事のつながりを理解するのが難しくなるからと考えられています。彼らは頭の中に画像や絵を思い浮かべて状況を理解することがあるため、肯定表現が適切な行動につながりやすくなるのです。

例えば、きょうだいゲンカを「やめなさい！」ではなく、「レゴで赤

肯定表現の声かけを意識する

い車を作ろう」とお子さんが大好きな遊びを提案する（⬇レゴで遊んでいる絵が思い浮かぶ）。「ご飯で遊ぶのをやめなさい！」ではなく、「〇〇を見よう」と好きなテレビ番組や本を伝える（⬇テレビや本を見ている絵が思い浮かぶ）。「きょうだいゲンカ」や「ご飯で遊ぶ」という問題行動から気持ちを切り替えて、他のことに集中できる可能性が高くなるのです。

また、普段から肯定表現での言葉かけを意識していると、本当にやってほしくない場面での「ダメ」が通じるようになります。まずは、日常で肯定表現かつ具体的な言葉かけを実践しましょうね。

ポイント

1-2 急いでほしい時の言葉かけのコツ

次の予定や時間が迫っていると、お子さんには早く行動してほしいもの。特に朝は、「急いで!」「時間だよ!」「時計見て!」という言葉かけが多くなります。それなのに、声に反応しても行動しない、時計を見ただけでボーっとしている。このような、発達障害やグレーゾーンの子が行動できない原因を考えてみましょう。

課題がいくつも重なっている

「急いで!」「時間だよ!」「時計見て!」のような抽象的な言葉を聞いて行動できる人は、時間の流れや必要な準備手順を理解しているということ。例えば、朝8時に自宅を出発できるお子さんは、次のことを理解しています。

- 朝8時(時間)までに
- やるべきこと(内容や順番)を記憶、または把握し
- どんなペース(早い・遅い)で行動すればいいか

クリアすべき課題を書き出してみると、いくつもあることが分かりますね。発達障害やグレーゾーンのお子さんは、時間の流れやペース

終わり時間より、準備スタート時間を時計で示す

など〝目に見えないもの〟の理解が苦手なので、よりハードルが高まります。でも、できないわけではありません。特性があっても、課題を1つずつクリアし、理解できるように教えることで、できる可能性が高まります。

終わりの時間ではなく、準備のスタート時間で

「時間」は、終わり時間ではなく、準備を始める時間の印を時計につけましょう。例えば、朝8時に自宅を出るために、7時から準備を始めるとします。アナログ時計なら、7時を示す長針と短針の位置に印をつける。デジタル時計なら、7時の写真を撮り、時計の隣に置いてマッチング（一致）させるのがオススメ。キッチンタイマーやアラームが好きなら使ってもいいですが、突然音が鳴るとパニックになるお子さんもいます。苦手なものは使わないようにしましょう。

「やるべきこと」は、課題の順番を決めてあげることが大きなポイントになります。最初は「○○」、次は「□□」など、同じ場所でいつも決まった順番で課題に取り組めるようにすることで、子どもがスムーズに動けるようになります。

早い・遅いのペースを体感させる

「ペース」は、お子さんと親御さんで違うことを理解しておくのが大切です。親はせっかちだけど、子どもはのんびり屋ということもあるでしょう。のんびりな子は、できるようになるのもゆっくりです。早くできるようになるには、お子さんのペースで確実にできるようになることが重要です。

行動自体は1人でできるなら、カウントして「早い」「遅い」を体感させましょう。例えば、「ズボン履こうね！行くよ〜。10、9、8、7…」のように声をかけます。お子さんが急いでいる様子なら、「早い！」「急いでいるね！」などと声をかけ、〝これが早い（急ぐ）ってことか〟と体感させます。これにより、「早い（遅い）」「急ぐ」の概念や感覚がお子さんの中に積み重なっていきます。

言葉の意図を受け取れない場合

中には、「時間だよ！」「時計を見て！」と言われても、時計を見るだけで終わるお子さんがいます。言葉の裏にある意図を受け取れないのです。このような場合、つい何度も指示をくり返しがちですが、本人は言われたように行動しているつもりです。ママやパパの言う通り

言う通り行動しているのに何度も注意されるとパニックに！

にしているのに、何度も注意されるとパニックになったり、自己否定につながったりします。

成長を引き出す一番の近道は「手伝ってあげること」です。なぜなら、手伝うことで目の前でお手本を見せ、失敗体験を回避することができるからです。子どもが、どの段階でつまずいているのかを理解できるようになります。

そもそも、時計の位置を理解していない可能性もあります。発達障害やグレーゾーンの子は視野が狭いことがあり、「探す」が課題になることもあるのです。お子さんに時計を見て行動してほしい時には、まず時計がある場所を把握しているかどうかを必ず確認しましょうね。

ポイント

2-1

子どもが「共感された」と思える言葉をかけよう

わたしは、自分の子育て経験やお仕事を通して、発達障害やグレーゾーンの子どもに「共感」するのはカンタンではないと実感しています。14年間子育てしてきても、わが子に共感できない時もあります。でも、**「自分が共感された」と分かると、子どもの問題行動が落ち着いたり、言葉が変化したりする**のです。

周りとの違いに気づく時期

発達障害やグレーゾーンのお子さんは、（個人差はありますが）小学2年生頃、周りのお友達との違いに気づくと言われています。小学校の集団生活におけるお友達との関わり、勉強・授業態度を通して、トラブルや注意されることが増えていきます。例えば、思ったことはストレートに言えるのに、分からないことは素直に「分からない」と言えないところがあります。このような積み重ねが、ますます周りから孤立する原因になってしまうのです。

このような子に対し、親御さんや先生は「正しく導いてあげよう」と思いますよね。でも、いくら正しいアドバイスでも、発達障害やグレーゾーンの子は「否定された」「責められた」と受け取ってしまう場

小学2年生頃になると、周りのお友達との違いに気づく

合があります。その結果、周りとの違いに不安を感じ、ますます心を閉ざしてしまう。これにより、自己否定や不登校、暴言・暴力などの二次障害に発展する可能性があると言われています。決してアドバイスがダメなわけではありませんし、分からないことはちゃんと教えてあげないといけません。でも、アドバイスを生かすためには、タイミングがとても重要なのです。

子どもに届く共感の言葉

ある小学2年生のグレーゾーンのお子さんを持つママさんから、「子どもの登校しぶりがひどくて困っている」とご相談がありました。色々とお話をうかがい、「お子さんが学校へ行きたくない時に、どんな言葉をかけていますか?」と尋ねたところ、次のようなアドバイスをされていました。

- 行けば楽しいことがあるよ!
- 今日の給食、○○（お子さんの好きな食べ物）だよ!
- みんなも頑張って行っているんだよ!
- 今日行けば、明日休みだよ!

学校に行きたくない気持ちを受け止めて共感しよう

・無理なら、途中で保健室行ってもいいんだよ！

どれも、お子さんの後ろ向きな気持ちを前向きにしてあげたいという、ママさんの気持ちがひしひしと伝わってきます。これにより、登校する子もいるでしょう。でも、登校に前向きになれない場合は、お子さんにとって「共感」になっていないということ。

そんな時は、まず「そうなんだ。行きたくないんだね」と、お子さんの気持ちを受け止めてあげてください。お子さんの「行きたくない」にオウム返しするイメージです。そして、お子さんの次の言葉を待ちましょう。**「行きたくない」という気持ちに対し、「楽しいことやうれしいこと」「比較」「アドバイス」は共感にならないことがあります。**大人でも、ただ聞いてほしいだけの時がありますよね。

頑張ったことをねぎらう共感の効果

このママさんには、下校後の「共感」も意識してもらいました。お子さんの性格や特性を聞き、学校から帰ってきた時に「お疲れさま」「今日も1日頑張ったね」「大変だったね」などとねぎらうようにしたのです。

子どもの頑張りをねぎらって共感しよう

頑張りすぎて疲れたよー
今日も一日頑張ったね！

すると、これまでは「行かなきゃよかった！」「明日は休む！」と荒れていたお子さんが、「そうなんだよ！ 疲れたんだよ」と目をキラキラさせるようになったとのこと。その後、「学校に行きたくない」と言うことも減り、集団登校もできるようになりました。

もちろん、「登校しぶり」の解決方法は「共感」だけではないと思います。でも、一番身近にいる親御さんや、クラス全体をまとめる先生が「自分のことをわかってくれている」という安心感は、お子さんにとってお守りになります。後日、「共感を続けたら、学校に行きたくない原因を話してくれるようになった」とのご報告もありました。お子さんの気持ちへの「共感」はオススメです。

意識して共感しても、子どもが怒ったり、無視したり…うまくいかないことがあります。気持ちにピッタリ合う声かけではない、子どもが共感されることに慣れていないなどが考えられます。そんな態度をされると、いくらわが子でもイラっとしてしまいそうです。でも、「うちの子には共感なんて合わない！」と決めつけず、1、2週間は同じ関わりを継続してみてくださいね。

ポイント

2-2 「共感」が届かない時のコツ

共感されることに慣れていない子どもは、心の中の感情を理解していないことがあります。 その場合、お子さんの中の「かなしい」「くやしい」「こわい」「さみしい」などの感情と言葉をマッチングさせなくてはなりません。イヤなことがあると泣き、怒る様子から、「かなしい」「くやしい」などの感情を理解しているように見えるかもしれません。でも、「怒り」は第二次感情であり、第一次感情である「かなしい」「くやしい」「こわい」「さみしい」などが爆発した状態。第一次感情を理解しているとは限らないのです。

ネガティブ感情を抱く状況を拒否する子ども

これらのネガティブな感情は、悪い感情というわけではありません。でも、**発達障害やグレーゾーンのお子さんは、ネガティブな感情を持ってはいけないと思っていることがあります。** 例えば、1位になれないと分かって泣き出す、ゲームに負けそうになって途中でやめる、失敗しそうな難しいことに挑戦しない、などネガティブな感情を抱きかねない状況を拒否する子どもの様子に心辺りありませんか？

共感に慣れていない子は、心の中の感情を理解していないことがある

発達支援センターで個別指導をしていた時、こんなことがありました。ある子に好きな本を読み聞かせていて、ページをめくろうとすると、本の上に手を置いて邪魔しようとします。遊んでいるだけかと思いましたが、またページをめくろうとすると、パニックを起こしそうになって必死で止めます。後になって分かったのですが、次のページには「主人公が泣いている絵」が描かれていたのです。その5歳の子はネガティブな感情が苦手で、問題行動をすることがあり、行動とネガティブな感情、言葉をマッチングさせる必要性を感じました。

自分の感情を理解できると、怒りをコントロールできる

発達障害やグレーゾーンの子は、ネガティブな感情に名前があることを理解していない場合があります。イヤな気持ち、モヤモヤした気持ちはあるが、自分の第一次感情に気づくことができない。「負ける」「間違える」「1位になれない」などがあった時、お子さんは「くやしい」「かなしい」「くるしい」などと言葉に出せていますか？　もし、癇癪や逃げるなどの行動で表現しているなら、ネガティブな感情と名前をマッチングさせてください。

ネガティブな感情は、気づくことで癒される

ネガティブな感情は「気づくことで癒《いや》される」と言われています。子ども本人が感情を自覚することで怒りや癇癪が減り、感情をコントロールできるようになるのです。お子さんがゲームに負けて悔しがっている時に、「くやしいね」と代弁することで「このモヤモヤした気持ちは、くやしさなんだ」と理解できるようになりますよ。

自宅でできる、感情の理解を促す方法

一緒に本やテレビを見て、お子さんの感情理解を把握するのもオススメです。本の登場人物やテレビの出演者を指して、「この子はどんな気持ちだと思う?」と質問してみましょう。もし、「分からない」という返事をする時や、明らかに違う感じ方をしている時は、否定したり考えさせたりせず、「この子はうれしいんだね」「この人はくやしいんだね」など、絵や状況に即した感情を教えます。

発達障害やグレーゾーンの子は、「他人の気持ちを感じること」「状況や表情の理解」が苦手な場合があります。でも、「他人の気持ちを理解しなさい!」と言っても、目に見えないので分かりません。そのためにも、まず自分が十分共感されたという経験が大切なのです。

ポイント

3-1 子どもの「問題行動」に反応しない

家族や支援者さんは、子どもの癇癪やパニック、暴言や暴力など問題行動には頭を悩ませていると思います。1回で終わらず、毎日だったり、日に何度も起こったりするので、感情的に怒ることもあるでしょう。成長とともに落ち着くと思っていたのに、逆に問題行動が増えたり、「ぼくなんて…」と自己否定したりしていませんか。その場合は、今までの接し方を見直す必要があります。

問題行動が悪化しているなら接し方を変えよう

子どもが問題行動を起こした時、落ち着かせるために言葉をかけたり、怒ってにらんだりすることがありますよね。そうすれば、子どもを言い聞かせられると思っているからです。しかし、第1章でもお話ししたように、これは声（言い聞かせる）と視線（にらむ）という「刺激」を与えるだけです。子どもは言葉かけの内容ではなく、他の刺激に注目し、ご褒美になっている場合があります。

これでは、ますます問題行動がくり返され、エスカレートしてしまいます。中には、怒鳴ると一瞬静かになるお子さんもいるでしょう。でも、また同じような行動がくり返されるなら、適切とは言えません。

発達障害やグレーゾーンの子の問題行動は、成長とともになくならない

お子さんの行動を振り返り、「3か月前と比べて問題行動が増えている、エスカレートしている」と感じるなら、接し方を変えましょう。

わたしは、2歳くらいの子をお持ちのママから大人の方まで、悩みをお聞きしていますが、悩みの内容は変われど、本質はつながっていると感じます。例えば、イヤなことや都合の悪いことがあった時、癇癪やパニック、暴言、暴力でしか感情をコントロールできないお子さんは、大人になってもそのまま、もしくは、うつなどの二次障害につながる可能性があるのです。発達障害やグレーゾーンの子の問題行動は、成長とともになくならないことを理解し、接し方を変えましょう。

また、「グレーゾーン」と聞くと、診断がついている子より特性が軽い、問題行動が少ない、と思いがちですが、決してそうではありません。「グレーゾーン」とは、「発達障害の特性は見られるけれど、診断基準には満たない状態」のことで、正式な診断名ではありません。適切な接し方やサポートを受けられないと、小学3、4年生で自己否定や暴力が起きる場合があります。グレーゾーンの子にも手立てが必要なのです。

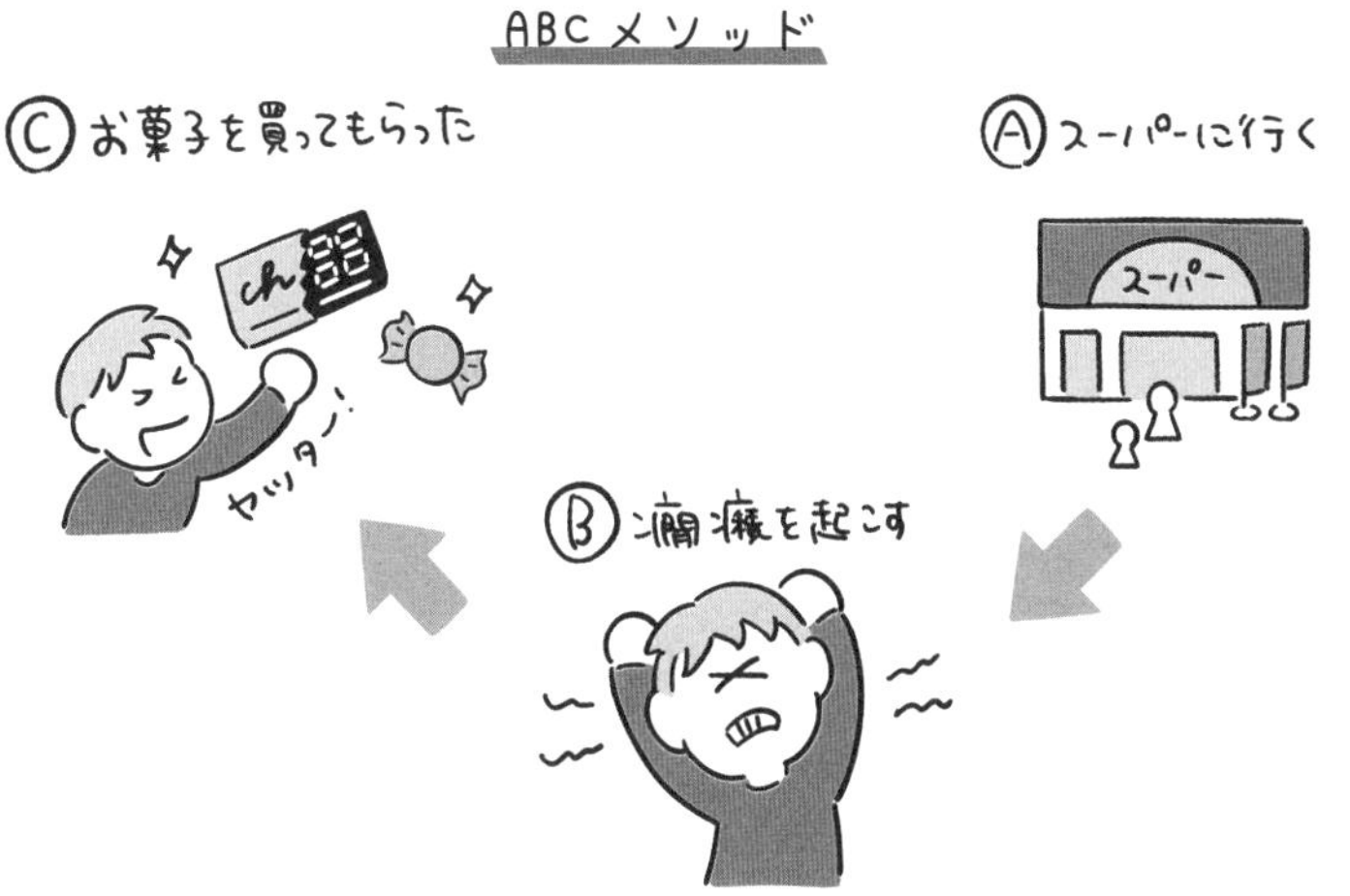

問題行動への接し方をリセットする方法

ここからは、ABA《エービーエー》をもとにした接し方をお話しします。ABA（応用行動分析）という言葉を聞いたことはあるでしょうか。子どもの行動を観察し、どんな刺激が問題行動につながるかを分析し、接し方を変える療育方法です。これは、診断がついていない子どもにも、とても参考になる考え方です。

ABAでは、子どもの問題行動は、行動前の刺激（先行刺激）と、行動後の刺激（後続刺激）によって起こると考えられています（ABCメソッド）。先行刺激がもとで問題行動が起こり、その後の関わり方で問題行動が増えたり、エスカレートしたりします。問題行動を観察・分析し、先行刺激を減らしたり調整したりすることで安定した行動を引き出し、その行動へのねぎらいや共感により適切な行動を増やします。

問題行動を減らし、適切な行動を増やすためには、子どもの問題行動に対する注意や叱責《しっせき》（後続刺激）など、周りの反応を見直す必要が

問題行動は「無反応」で対応する

あります。具体的には、**子どもが問題行動を起こしている時は、「見ない」「言葉かけをしない」（注目を与えない）ということ。問題行動が落ち着いたら、しっかりと「共感」をする。**無視しているように思われるかもしれませんが、共感することで子どもの感情理解やコントロールにつながるのです。この接し方を「無反応」と言います。

癇癪を起こしている子を見ると、かわいそうになって声をかけたくなることもあるでしょう。しかし、そこは「自分を立て直そうと頑張っているのだ」と解釈してください。子どもの癇癪をなだめたり、怒ったりして「注目を与える」のは、問題行動を増やすNGパターンです。このパターンをくり返した結果、中学生になって家庭内暴力に発展したケースもあります。最初から完璧にできなくても大丈夫です。できるところから変えていきましょう。

ポイント

3-2

「問題行動」への注目は問題を悪化させる

前項目では、「子どもが問題行動を起こしている時には反応しない」ということをお話しました。なぜ反応してはいけないのかを、もう少しくわしく説明しましょう。

子どもが癇癪を起こした時、多くの親御さんや先生は落ち着かせようと声をかけたり、怒ったりして「注目を与える」ことが多いと思います。小さくても子どもの癇癪パワーはすさまじいもの。周りの人に虐待《ぎゃくたい》されていると思われないかと心配しつつ、なんとか泣き止むように説得し、最後には怒鳴って黙らせる…というパターンに陥りがちです。

でも、このような接し方でお子さんの癇癪が改善した方はいないと思います。むしろ、1日に癇癪を起こす回数や時間が増える可能性が高いのです。なぜなら、問題行動に対し、怒るという「注目」（後続刺激）を与えているからです。

問題行動のくり返しは避けたい

「問題行動のくり返しは練習しているのと同じ」と言われます。癇癪

問題行動に後続刺激を与えると悪化する

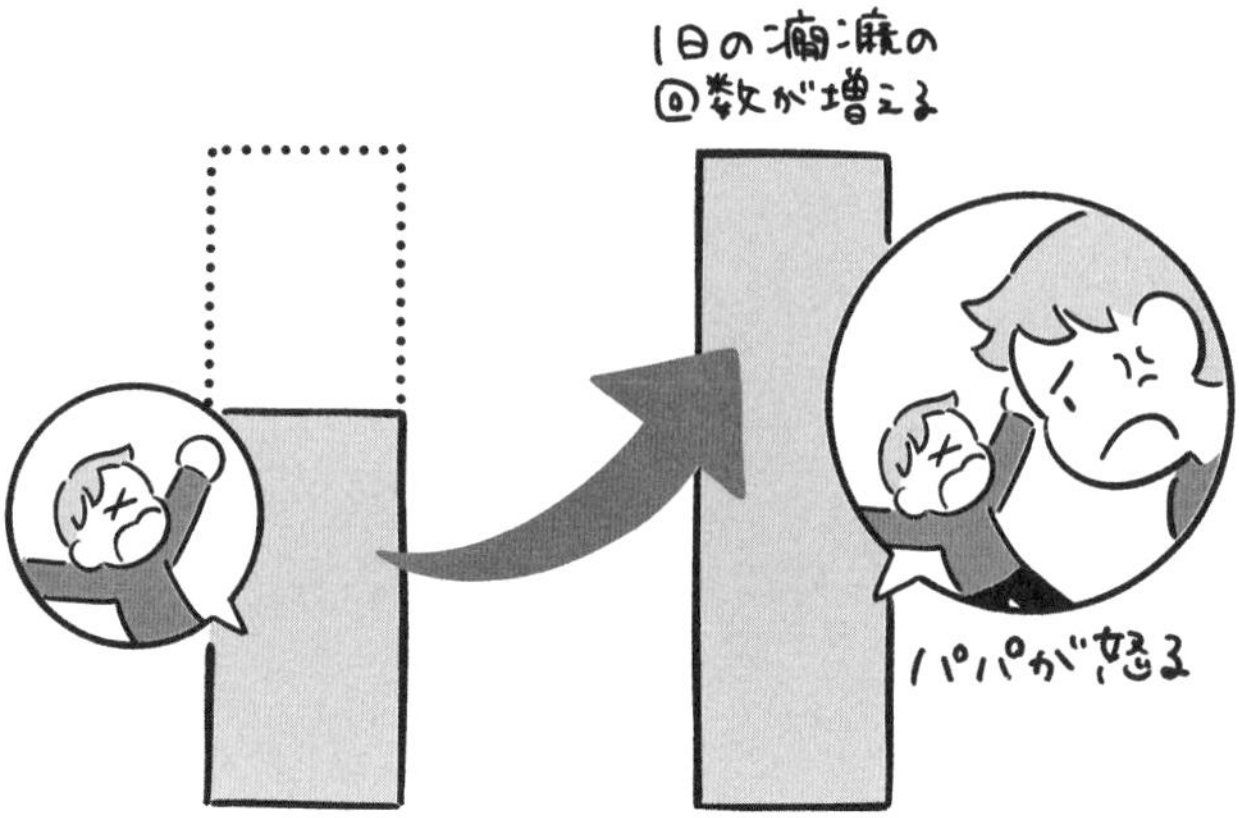

を1日3回起こしたら3回、暴言を10回言ったら10回、問題行動を練習しているということ。練習は、今よりも上手になるためにしますが、問題行動でも同じです。最初のうちはフラフラして長く乗れない自転車も、練習をくり返すことで速く長く走れるようになります。体で覚えた感覚は、ちょっとやそっとじゃ消えません。同じようなことが、問題行動でも起きるのです。

また、**子どもの問題行動には、周りの人には見えない原因が隠れていることがあります。**ほしいおもちゃを買ってもらえなくて癇癪を起こしたなら、理由は明白です。しかし、子ども本人の見通しが崩れたことや感覚過敏が影響して、暴言や暴力が出てしまうこともあります。問題行動の原因は本人にしか分からない上に、発達障害やグレーゾーンの子は、その原因を言葉で伝えることがとても難しい。そのことでさらに注意されたり、怒られたりしたら、お子さんにとってはダブルパンチになってしまいます。

「無反応」の難しさ

とはいえ、問題行動に反応しないことは、シンプルだけどとても難

しく、根気が必要です。「無反応をやるぞ！」と決めても、最初からできる人は少ないと思います。「無反応」ができないことで、自分を責めてしまったり、逆に子どもに怒りをぶつけてしまったりすることもあるでしょう。でもそれは、あなただけではありません。わたし自身も含め、「無反応ができません…」「つい怒ってしまいます…」という声はとても多いのです。「すべての問題行動に無反応をしなきゃ！」と思い込み、できない自分を責めなくても大丈夫です。

また、お店や公園などで「無反応」ができない方もいらっしゃると思います。店員や他のお客さんの目が気になったり、通りすがりの人に声をかけられたりすることもあるからです。そんな時は無理せず、まずは自宅での実践からスタートしましょう。大人も自分のスモールステップを探すことが成功の秘訣《ひけつ》です。「自宅で無反応を実践すると、ご近所から苦情が来るかも…」と不安な場合は、事前の説明や玄関ドアに「セラピー中です」などの貼り紙をしてみてください。

「無反応」と「無視」の違い

以前、講座を受けてくださったママが、「無反応」について、こんな

「無反応」と「無視」は別物

無反応
わー!
無視
落ち着いた時の
共感がないと
ただの無視よー

ことを話してくれました。

「他の講座でも、子どもの問題行動には反応しないと聞いたことがありました。その時は、無反応が無視になり、子どもの存在を否定することになると思い、違和感を覚えました。でも、共感がとても大事ということを知ったので、やってみようと思いました」

おっしゃるように、「無視」は子どもの存在を否定することです。子どもの問題行動が落ち着いた時に、「共感」をするかしないかで、大きな違いを生むことになります。後日、こちらの方から「3日を過ぎたあたりから、子どもの行動が変化してきました!」といううれしいご報告をいただきました。「無反応」には共感を忘れないようにしてくださいね。

第3章

自分の言葉かけのクセに気づくコツ

言葉かけを工夫しているつもりなのに、「なかなか子どもが変わらない…」と感じていませんか？ その原因はログセの可能性も。本章で、自分と子どもの間にある“違い”を知ることで、効果的な言葉かけができるようになります。

1

抽象的な言葉を具体的な言葉に変換する

これまで、子どもの問題行動には、生まれつきの特性が関わっていること、言葉かけが届いていない可能性があることをお話しました。頭では、「具体的かつ肯定表現を心がけ、課題が重複していないかどうか確認する」と理解していても、実践するのはカンタンではありません。できない自分を責めてしまうこともあります。そんな時は、次の4つのスモールステップで考えましょう。

無理のない課題とゴールを決める

①普段の言葉かけを抽象的な言葉と具体的な言葉に分ける
②抽象的な言葉を具体的な言葉に変換する
③期間を決めて実践する
④振り返る

まず、普段の言葉を書き出します。付箋《ふせん》に書いて冷蔵庫に貼ったり、スマホのメモ機能や手帳を活用したりしましょう。忙しい場合は、「1日1つ書けたらOK」とハードルを下げてください。全部書き出そうとすると、「結局、わたしが頑張らないといけないの?」と気力が萎《な》えます。無理のないスモールステップを設定してくださいね。

普段の抽象的な言葉かけを具体的な言葉に変える

普段の言葉かけが集まったら、抽象的な言葉と具体的な言葉に分けます。「早く」「着替えて」「朝ごはんだよ」などの抽象的な言葉で行動できる子もいますが、「伝わっていないなぁ」と感じる場合は、具体的な言葉かけに変えましょう。

例えば、朝の準備をしてほしい時もご飯を食べてほしい時も、単純に「早く!」と言いがちですが、「ハミガキしよう」「ズボンを履こう」「おにぎり食べよう」など具体的な言葉を使います。**名詞＋動作を示す言葉かけだと伝わりやすい**ですよ。お子さんによっては、「青いズボン」など色を指定した方がいい場合もあります。頭の中だけで変換せず、紙やスマホのメモ機能でいったん書き出すこともオススメ。コツは、シンプルに「名詞＋動作を示す言葉」です。

次に、**変換した言葉をいくつか選択し、期間を決めて実践します。**その言葉は、すぐ目につく場所に貼っておくと口から出やすくなります。変換した言葉を全部使おうとすると、親御さんもお子さんも混乱します。まずは、1つか2つ試してみてください。

具体的な言葉かけをした期間を振り返る

最後に、決めた期間を振り返ります。**お子さんの行動が前よりも改善されている場合は、「変換した言葉がお子さんに合っている」ということ。**逆に、行動に変化がない場合は、言葉かけを再度見直すことや、言葉かけ以外の方法を検討しましょう。

効果のあった言葉かけを学校に共有してもらう

ステップが多くて、面倒だと感じるかもしれませんが、子どもに伝わる言葉かけができると、お互いのすれ違いやストレスが減って、ぐっとラクになります。また、自宅で効果があった言葉かけを学校などで共有してもらうと、集団生活をスムーズに送れるようになります。発達障害やグレーゾーンのお子さんは、言葉かけ1つ変えることで、できる・できないが変わります。きょうだいや周りのお友達と比べて、お子さんが落ち込んだりしないためのサポートになりますよ。

2

否定表現や命令形の言葉を肯定表現にする

子どもへの言葉かけで、具体的にするのと同じくらい大切なのが、否定表現や命令形の言葉を肯定表現にすること。子どもが危険なことをしていたら、「やめなさい！」「ダメ！」という言葉がとっさに出ると思います。緊急時には、このような言葉かけは必要です。ただ、これらが日常でたくさん使われることで、次のような弊害《へいがい》が起きかねません。

- **抽象的・概念的な言葉なので意味を理解できない**
- **正しいやり方や正解が分からないために、同じ行動をくり返す**
- **自分の存在を否定されたと感じてしまう**

子どものことを思っての言葉でも、問題行動や自己肯定感の低下につながる可能性があります。**発達障害やグレーゾーンの子は、否定表現で伝えると、物事のつながりを理解するのが難しい**と言われています。また、自分自身を否定されたと感じたり、今後もずっと「やってはダメなんだ…」と混乱したりします。ここでは否定表現や命令形の言葉を普段使っていないかどうか、使っている場合はどう変換すれば伝わりやすいかを確認しましょう。

否定表現や命令形の言葉を使わない

否定表現を変換する2つのコツ

否定表現は、キッパリ言い切るイメージです。例えば、おもちゃやお菓子を買ってほしい子には「買いません」、ゲームをもっとしたいと駄々《だだ》をこねる子には「遊びません」など。園や学校でも、廊下《ろうか》を走る子には「走りません」、立ち歩く子には「立ちません」などと声かけしているのを見かけます。

否定表現や命令形の言葉を肯定表現にするには、次の2つのコツがあります。

- 絵に描ける指示にする
- いったん受け止めて、見通しやできないことを伝える

発達障害やグレーゾーンの子は、頭の中で詳細なイラストや画像をイメージします。彼らが**絵をイメージしやすい言葉を使うことで、適切な行動を引き出すことができます。**

絵に描ける指示にする

片付けなさい
赤いレゴを赤い箱に入れようね

わたしが発達支援センターの指導員になった時も、「子どもへの指示は、絵に描ける指示にしなさい」と教えていただきました。例えば、「廊下を走りません」という指示は、廊下を走る子どもに×マークをつけた絵で表せます。逆に、「廊下を歩こう」という指示は、×マークなしの廊下を歩く子どもの絵で表せます。

その上で、「廊下を走りません」は「廊下を歩こう」、「立ちません」は「座ろうね」と肯定表現に変換します。おもちゃを片づけられない子には「出しっぱなしにしない」「片づけなさい」ではなく、「赤いレゴを赤い箱に入れようね」のように具体的な言葉かけがオススメ。

肯定表現に変えるのが難しい場合の声かけ

中には、肯定表現にするのが難しい場合もあります。「遊びません」「買いません」を肯定表現にしてください、と言われても、すぐに言葉が出ません。このような時は、例えば次のように、まず子どもの気持ちをいったん受け止めてから、できないことを伝えます。

子「もっとゲームしたい！」

肯定表現に変えるのが難しい場合の声かけ

もっとゲームしたい
肯定表現難しいな…
もっとゲームしたかったね
でも終わりの時間だね

親「もっとゲームしたかったね。でも、終わりの時間だね」
子「お菓子ほしい！」
親「お菓子ほしいね。おいしいもんね。でも、今日は買わないよ」

子どもは、自分の気持ちを受け止めてほしいだけの時もあります。また、行動を否定されると、見通しが崩れてしまい、「もう一生遊べない」「二度と買ってもらえない」と思い込みかねません。

そのためにも、気持ちをいったん受け止めてあげて、見通し、できないことを伝えて気持ちを切り替えてあげましょう。数回は癇癪を起こすこともありますが、「無反応」とあわせて2つのコツを実践してみてくださいね。

3

「概念」を表す言葉を無意識に使っている

抽象的な言葉を具体的にする、否定表現や命令形の言葉を肯定表現にするに加え、もう1つ注意してほしいことがあります。それは、「概念」の言葉を使わないこと。例えば、「料理」と聞いて、どんなことをイメージするでしょうか。料理を作る自分や、テーブルに好きな食べ物が並んでいる風景、苦手な皿洗いなど、人によってイメージは異なります。

このように、「概念」は人や場所、場面によって意味が変化します。しかし、**発達障害・グレーゾーンの子は解釈が変わる言葉を理解するのが苦手です。**「約束だよ」「宿題しよう」「準備しよう」と肯定表現で伝えても、「概念」を理解していないと、こちらが意図しているように行動するのは難しいのです。もし肯定表現でも、お子さんが行動できない場合は「概念の理解度」を確認してください。

でも、つい使ってしまうのが概念の言葉です。「約束したでしょ」「宿題しなさい」「準備しなさい」と、毎日のように言ってしまいます。特に、お子さんが小学生なら、理解できないなんて考えたこともないかもしれません。ただ、毎回「約束を破る」「宿題しない」「準備できない」という場合は要注意。なぜなら、概念を理解するためには、成

必ずクリアできる成功体験を積み重ねて「概念」を学ぶ

功体験が必要だからです。

「概念」を学ぶコツ

子どもが概念を学ぶためには、必ずクリアできる成功体験を積み重ねることです。「約束」の場合なら、必ず守れる課題を出します。「夜寝る前は電気消してね」「学校から帰ったら手洗いしてね」などです。うまくできたら、「約束守れたね」と言葉をかけます。これを様々な状況でくり返すことで、「約束って、こういうことか！」「約束って、守るとうれしいんだ！」と理解できるようになるのです。

「子どもが必ずクリアできる課題」というのがポイントです。年齢から考えるとできて当たり前のことでは、課題としては難しいかもしれません。子どもが得意なこと、既にできていることをヒントに課題を設定してください。

また、発達障害やグレーゾーンの子は記憶の維持が難しく、忘れてしまうことや、言葉の意図を理解していないことがあります。そのため、「約束」自体が難しい課題になりかねません。成功体験どころか、

失敗体験が続くと、耳にするだけで拒否反応を起こすことも

失敗体験をくり返すと、「約束は破るもの」というパターンが定着してしまう可能性があります。

このような場合は、約束を守るためにできることを一緒に考えましょう。例えば、「約束ノート」を作って、時間、人、場所などを記入してもいいでしょう。子どもの記憶力にまかせきりにしないことが大切です。

「宿題」「勉強」「準備」の概念は混乱しやすい

「宿題」「勉強」「準備」も、子どもがよく混乱する概念です。「毎日やっているから分かるでしょ？」と思うかもしれませんが、科目によって教科書、ノート、問題も変わるので混乱します。

また、発達障害やグレーゾーンの子は指の使い方や力の調整が苦手で、鉛筆や消しゴムを上手に使うことができない場合があります。失敗体験が続くと、「宿題」「勉強」と耳にするだけで拒否反応を起こすことも。もし拒否反応が見られる場合は、子どもが宿題や勉強に取り組みやすい環境作りやサポートが必要です。

「概念」を学ぶ時も課題は1つ

これまでにも、**「課題は1つ」というお話をしましたが、概念を教える時も意識してください。**「今日の宿題」を1つずつ机に出してあげる、順番を決めてあげる、負担が大きい場合は手伝う。必要であれば、担任の先生に相談しましょう。

宿題や勉強、準備は毎日のことなので、早く1人でできるようになってほしいと思います。お子さんが、これからもずっと付き合っていかなくてはならない課題です。課題や負担を減らして成功体験を積み重ねることで、「概念」の理解が進み、習慣化しやすくなりますよ。

4

自分と子どもの優位性を分析する

血のつながったわが子でも、性格や優位性に違いがあるものです。似ている親子でも、すべて同じではありません。他人だと「好みが違うな」「受け止め方が違うんだな」と客観的に受け止められることでも、子どもだと「違い」として受け取れないことがありますよね。親が考えもしない行動をくり返したり、「障害がある」と言われたりすると、なおさらです。わたしもそんな経験があります。

息子の3歳児健診の時、保健師さんの質問に「トミカにもアンパンマンにも興味がなく、数字やアルファベットを1日中描いています」と答えたら、次のことを言われました。「3歳という時期は、広く浅く興味を持つ時期です。息子さんは1つの興味に固執《こしつ》するため、発達障害の疑いがあります」。それまでは、数字やアルファベットに興味を持つ息子を「すごい。天才！」と思っていたので、子育てを否定された気持ちになりました…。

それからしばらくは、数字とアルファベットを禁止し、息子が興味のないおもちゃで遊ばせる日々が続きました（問題行動が多発するようになったので、結局やめましたが…）。保健師さんや先生など、専門知識を持つ方の言葉は重く突き刺さりますよね。結果的に、保健師

3つの優位性

さんの指摘は正しかったわけですが、数字やアルファベットは息子が純粋に好きだったと感じています。なぜなら、その9年後、英会話教室にも通わず、動画の視聴だけで、英語でチャットのやりとりができるようになったからです。

「障害の疑いがある」と言われてしまうと、そのフィルターから子どもを見てしまいますよね。でも単純に、持って生まれたものが違う、性格が違うと理解しておくことが、お子さんの行動を冷静に受け止められることにつながりますよ。

3種類の情報処理

人によって、どの感覚での情報処理が得意かどうかという「優位性」が異なります。

・音や声など耳から聞くことで情報を理解しやすい人
⬇聴覚優位
・映像やイメージなど目で見ることで情報を理解しやすい人
⬇視覚優位

・触覚・味覚・嗅覚など体で感じることで情報を理解しやすい人
⬇体感覚優位

「優位性」は、どれが優れていて、どれが劣っているということではありません。しかし、自分とは異なる情報処理の仕方があることを理解しておかないと、自分の優位性を基準に周りの人を判断してしまいかねません。

優位性のすれ違い

ママが聴覚優位で、お子さんが視覚優位のケースで考えてみましょう。ママは声などの「言語」で言われた方が理解しやすいため、お子さんの翌日の準備を「言葉」で促していました。しかし、お子さんは視覚優位のため、言葉での指示をうまく理解できません。お子さんが分からないと、ママはさらに言葉を重ねて説明したり、ヒントを出したりしますが、混乱するだけ。そんな姿を見ると、「やっぱり発達が遅れているのかな…」とお子さんの優位性と発達を悪く結びつけがちです。

子どもの優位性に合ったサポートをする

しかし、「優位性の違い」を理解して、翌日の授業に必要なもの（教科書やノート、筆箱など）を写真に撮り、番号をつけて1枚の紙にまとめました。それを机の見やすい場所に貼ったところ、視覚優位のお子さんは写真を見ながら1人で準備できるようになったのです。

このように、視覚優位のお子さんは声による「聴覚的な指示」ではうまくできないことも、イラストや画像による「視覚的な指示」では一瞬で理解できることがあります。ママもお子さんも同じ優位性を持っているなら、このようなすれ違いが起こる可能性は低いはずです。

もちろん、優位性以外にも様々な要素が関係しますが、自分とお子さんの優位性を分析することで、お子さんに適したサポートが見えてきます。言葉だけで指示してうまくいかない場合、イラストなどを用いて指示を出すなどして比較分析しましょう。

「優位性を決めつけない」ということも覚えておいてください。「この子は視覚優位だから」などと決めつけると、可能性を狭めてしまうことがあります。言葉かけ、優位性など、様々な視点から自分やお子さんを分析できるといいですね。

言葉に詰まる場合は、親の優位性に合わせて工夫する

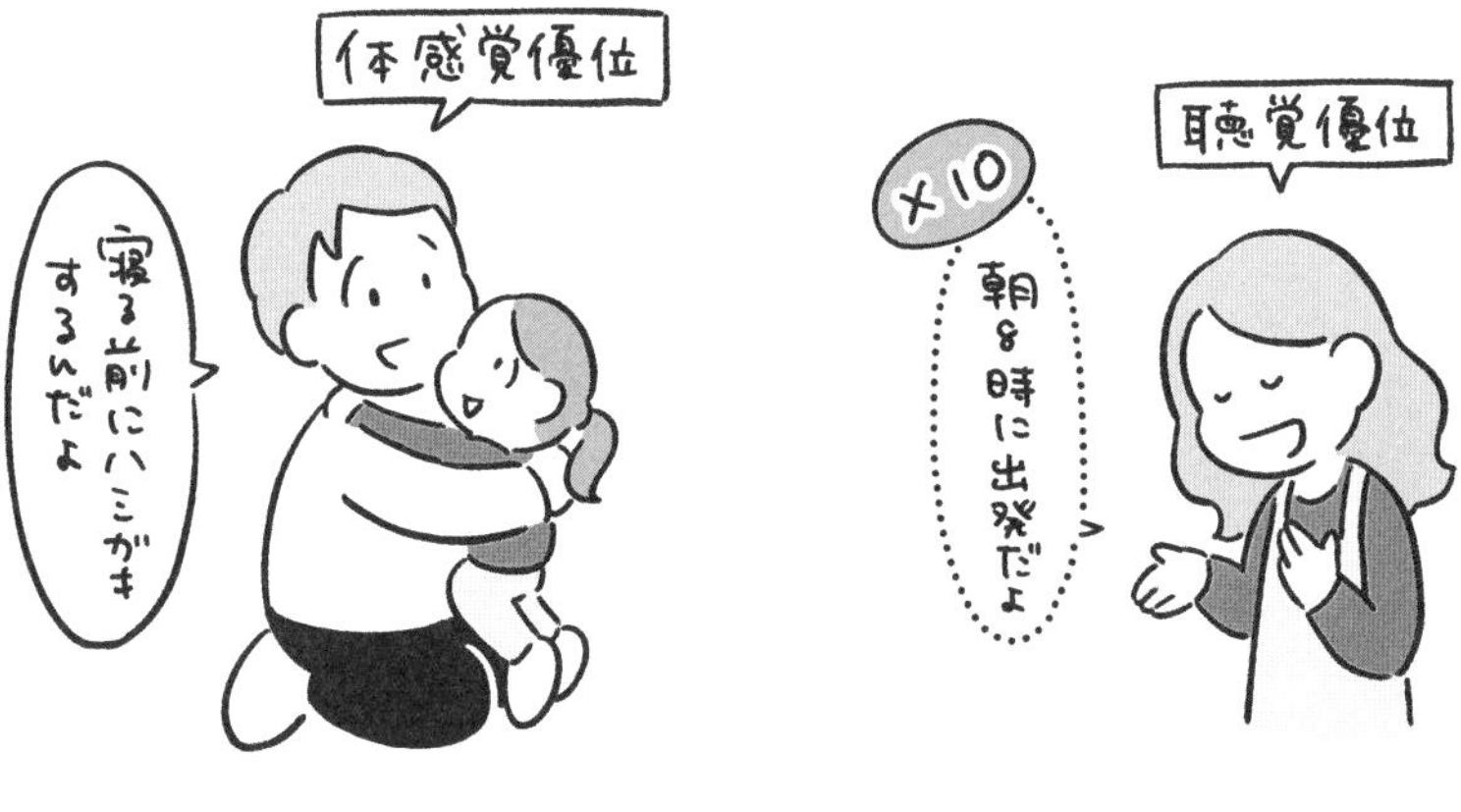
体感覚優位
寝る前にハミがきするんだよ
聴覚優位
×10
朝8時に出発だよ

言葉に詰まる場合は、親の優位性に合わせて工夫しよう

カンタンに思えても、実際にやろうとすると言葉に詰まったり、いつもと同じ言葉が出たりします。すべてを最初から完璧にやろうと思うと、できない自分を責めることや、イライラを子どもにぶつけてしまいかねません。まずは、無理のない目標やスモールステップを考え、親御さん自身の優位性に合った工夫をしましょう。例えば、次のようにすると、言葉かけのコツがつかめてきますよ。

- 聴覚優位の親御さんは、朝、お子さんへの言葉かけを10回声に出して練習する
- 体感覚優位の親御さんは、言葉と動き（子どもにハグして伝える、ハイタッチして伝えるなど）を組み合わせる
- 視覚優位の親御さんは、お子さんへの言葉かけを見えるところに貼っておく

5 子どもが知っている言葉を使い、1つずつ区切って伝える

第3章では言葉かけのコツとして、これまでに次の4つのことをお話しました。

①具体的に伝える
②肯定表現で伝える
③概念の理解を促す
④自分と子どもの優位性を分析する

お子さんの優位性とすり合わせることも必要ですが、まずは①〜③を意識して言葉かけを変えることで、行動できるようになることがあります。

多過ぎる言葉や指示は子どもの中に入らない

言葉かけを工夫しても、あまり変わらないと感じる時は、「お子さんの記憶力」を確認してみましょう。発達障害やグレーゾーンの子は、一度にたくさんの指示や情報を記憶する力が弱い場合があります。

ビール瓶やジャムの瓶に水を注ぐ様子をイメージしてみてくださ

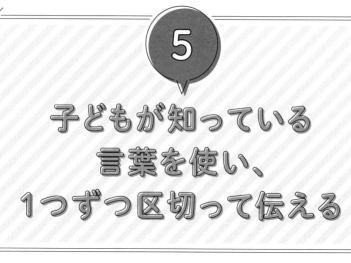

子どもの記憶力に合った指示を出そう

い。口の大きなジャムの瓶には水を注ぎやすいですが、口の小さなビール瓶には水が入り切らずに噴き出してしまいます。同じように、言葉かけや指示が多いと、お子さんの中にうまく入っていかないのです。

記憶力は脳の前頭葉や海馬、本人の特性が関わっていて、努力や頑張りで補うのは限界があると考えられています。「ちゃんと記憶しなさい！」「どうして覚えられないの！」と怒ると、失敗体験のくり返しや子どもの自己肯定感の低下につながってしまいます。でも、**お子さんの記憶の大きさに合った言葉かけや指示を出すことで、情報の入力がスムーズになり、行動に移すことができるようになります。**

子どもが記憶しやすい短い言葉で伝える

お子さんが一度にいくつもの指示を理解することが難しい時は、**子どもが理解している言葉で、指示を1つずつ区切って伝えましょう。**

「もう学校へ行く時間だよ。早く準備して！」

↓「顔洗おう」「ハミガキしよう」「ランドセル背負おう」「靴履こう」

指示を1つずつ区切って伝える

「朝ごはんだよ。早く食べないと遅刻するよ！」
⬇「イスに座ろう」「おにぎり食べよう」

「今日の宿題は何？ やったの？ 早くやりなさい！」
⬇「国語の教科書読もう」「算数ドリルやろう」

お子さんの記憶力が弱いと感じても、1つひとつの言葉かけを短くすることで、行動できるはずです。短い指示での成功体験をくり返し、スムーズに動けることが増えていくでしょう。そうなったら、徐々に長めの指示にしたり、「概念」の言葉を使ってみたりして、お子さんの理解度の範囲を拡げてみてくださいね。

6
「指示」と「ほめる」をセットにする

子どもへの言葉かけを考える時、行動を引き出す「指示」にばかり意識が向きます。でも、できる時とできない時にムラがあると感じませんか？「気分のせい」「あまのじゃくだから」と子どものせいにしがちですが、もしかしたら指示を出しっぱなしの可能性があります。

例えば、子どもに指示を出して、期待通りに行動してくれると、「やればできるじゃない！」とうれしい気持ちになりますよね。でも、ここで安心し過ぎて、「できたことへの注目」を忘れがちです。それでは、貴重な成功体験がもったいない。**子どもが適切に行動できた時には、必ず「ほめる」を実践しましょう。**適切な行動を定着させる「ほめ方」には、３つのポイントがあります。

子どもに合った「ほめ方」を見つける

みなさん、自分がかけられたい言葉やテンションでお子さんをほめがちです。「すごい！」とほめられたい人は、子どもを「すごい！」とほめます。でも、ご自身のことは横に置き、**お子さんに合った「ほめ方」を観察しましょう。**発達支援センターで指導員をしていた時、あるお子さんを大きな声でほめたところ、わたしのテンションや声量

指示を出して適切に行動できたら、必ずほめる

に驚いて泣かせてしまったことがありました。ハイテンションで「すごい！」と言われたい子、淡々と「できたね」と言われたい子など様々なのです。

また、お子さんに直接「どんな風にほめられたらうれしい？」と聞くこともオススメです。ごきょうだいでも異なるので、家族で話し合ってみてくださいね。

結果だけでなく、経過やこだわりを「ほめる」

指示を出す時、つい「できた」という結果に目を向けがちですが、期待通りに行動できなくても、お子さんが頑張った「経緯」「こだわり」をほめてください。例えば、時間割を最後まで準備できなかったとしても、国語の教科書がランドセルに入っていたなら、「国語の教科書、1人で準備できたんだね！」と声をかけます。**無理にほめるのではなく、事実を伝えるだけでOK。**できなかった課題は、指示やスモールステップをもう一度検討しましょう。

この「事実を伝える」は、普段から声に出して伝えておくことで、

指示通り行動できなくても頑張った「経緯」をほめる

お子さんの頑張る力を引き出すための土台になります。不器用さや感覚過敏を持っている子は、日常の当たり前のことも周りの子の何倍も頑張っています。顔を洗うことも、ハミガキをすることも、実は複雑で工程が多く、わたしたちが気づいていない痛みを伴っている場合があります。「1人で顔を洗えたんだね」「ハミガキ頑張ったね」という一言が、子どもの心を温めるのです。

「ご褒美」をうまく活用する

おやつなどのご褒美をあげることも選択肢の1つです。特に低年齢の子は、お菓子などのご褒美があると、言葉でほめるよりも理解でき、行動につながりやすくなります。発達障害やグレーゾーンの子は、始めと終わりがはっきりしていることを好むと言われています。だから、**指示（始め）と、ご褒美（終わり）を分かりやすく提示できると、達成感を感じやすくなる**のです。

一方で、ご褒美はお子さんの要求がエスカレートするという弊害もあります。**ご褒美をあげる場合は、周りの大人がしっかりと管理し、主導権を握る**ことが大切。適切な行動が定着してきたら、「ご褒美」

をお子さんが喜ぶ合図（ハイタッチなど）や「ほめる」に少しずつ変化させましょう。

子どもが「ほめられた」「ご褒美がもらえた」と感じることは成功体験や達成感の積み重ねになります。ただ、大人（親御さんや先生）がやらせたい課題になっていないか？」「子どもに必要な発達に合った課題か？」「『ほめる』の主導権は大人が握っているか？」を確認しながら、やってみてくださいね。

低年齢の子どもには「ご褒美」をうまく活用する

第4章

「共感された！」と子どもが感じる言葉かけのコツ

発達障害やグレーゾーンの子を持つ、多くの親御さんがお悩みの「癇癪」「暴言」「他害」。これらの問題行動を改善するために、必要不可欠な「共感」についてお話します。しっかり届く「共感」は、お子さんの心を安定させ、頑張る力を引き出すことができるのです。

1 カンタンなことが、いつまでもできない時の考え方

親として、普通のことができないわが子を見ると、将来が不安になります。最近はメディアで発達障害について取り上げられることも多く、「普通って何?」と考える機会が増えたように思います。しかし、毎日子どもと接している親御さんや先生は、不器用で問題行動ばかりを起こす子を「かわいい」と思えないことも少なくないはず。でも、それではサポートが行き届かず悪循環が続いてしまいます。

実年齢の半分から3分の1の遅れがある?

大人にはカンタンなことも、発達障害やグレーゾーンの子はなかなかできるようになりません。年下のきょうだいが定型発達の場合、追い抜かれることも珍しくありません。学年が上がって体が大きくなっても、できないことや癇癪が増えることもあります。わがままや忍耐力がないように見えますが、これは「脳機能の障害」による影響です。いまいちピンときませんよね。「障害」と聞くと今の状態が続くように思えますが、接し方次第で年齢とともに発達障害の特性が目立たなくなる可能性もあります。

個人差はありますが、発達障害やグレーゾーンの子どもは、実年齢

発達障害やグレーゾーンの子は実年齢の半分から3分の1遅れている部分がある

の半分から3分の1くらいの遅れがあると言われています。すべての発達が遅れているわけではなく、「遅れている部分がある」ということです。実年齢が10歳なら、発達年齢が5〜7歳の部分がある。10歳といえば小学4年生にあたり、思春期に入って体も大きくなります。周りのお友達と同じようにスムーズにできない、何度も失敗をくり返す場合は、「ゆっくり成長する部分」と認識し、適切なサポートが必要です。

子どもへの期待が大きい弊害

子どもが、いつまでもできるようにならない原因の1つに、子どもへの期待の大きさがあります。例えば、年長になると園でも自宅でも就学を意識して、お友達と楽しく遊ぶ、自分の名前を書く、カンタンな計算を解くなどを求められます。しかし、そこには2つの問題が隠れている場合があります。

1つは、子どもの課題です。お友達と仲良く遊ぶには、遊びのルールや相互のコミュニケーションを理解している必要があります。文字を書くには、鉛筆を持ってイスに座ることができる必要があります。

「子どものできない」に、子どもの課題と、
親の接し方の問題が重複していないか

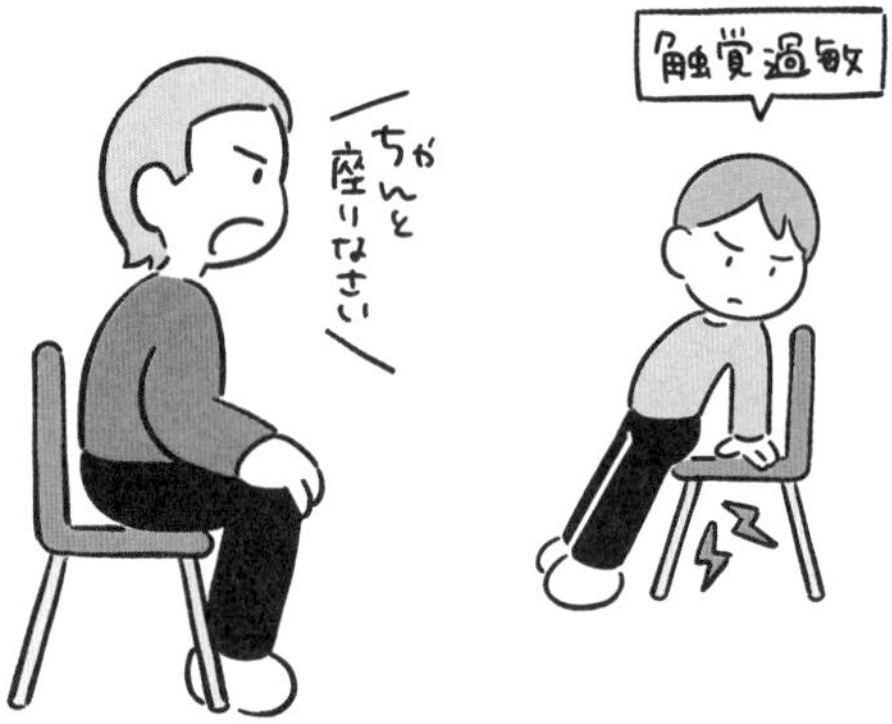

しかし、それらの課題をカンタンにはクリアできないお子さんもいます。

もう1つの問題は親の接し方です。お友達と楽しく遊んでほしいのに子どもが分かるルールを提示しなかったり、お友達を傷つける発言を注意するだけで適切なコミュニケーションを教えなかったりします。「イスに座る」「字を書く」を当然と感じているため、「ちゃんと座りなさい」「キレイに書きなさい」と注意を重ねることもあります。

しかし、触覚過敏の特性のためにイスに座れない子や、不器用さの特性のために字をキレイに書けない子もいるのです。「子どものできない」に対し、お子さんの課題と、親の接し方の問題が重複していないかを確認しましょう。ただ、親は子どもへ期待するものです。「これくらいできるでしょ」には、「あなたの力を信じています」という気持ちが込められています。もし、お子さんのできないところが目につく時には、次のことを実践しましょう。

「頑張ったね」と共感する

子どもがいつまでもできない時は、やり直させるのではなく、「難

「頑張ったね」と共感する

しかったね」「〇〇まで頑張ったんだね」などと共感しましょう。失敗から学ぶのは難しいとお話しましたが、子どもの気持ちを受け止めることで、失敗を肯定的に受け止められるようになります。失敗や負け、間違いに敏感なお子さんには特に大切です。ポイントは、まずは共感のみ。アドバイスはしないように心がけましょう。

子どものできない姿に、「どうしてできないの？練習すればできるはず！」と心の中で思うのはOKです。1つひとつはできることでも、課題の重複が原因で「できない」という結果を招いている場合があります。子どもの失敗が続く時は、次のことを確認・実践しましょう。

- **子どもへの声かけ⬇失敗した子どもの気持ちに共感し、頑張った経緯を認める**
- **失敗や課題⬇課題が1つになっているか、スモールステップになっているかを確認してサポート方法を再検討する**

それでも失敗が続く場合は、発達が課題に追いついていない可能性があります。成長を待つ、手伝う、お手本を見せるなど、子どもが行動イメージを持てるサポートをしましょう。

2

子どもに共感できる・共感できない時をつかむ

第2章で、発達障害やグレーゾーンの子どもは「自分が共感された」と分かると、問題行動が落ち着き、感情のコントロールにつながると述べました。ここでは、お子さんに共感する方法を具体的・実践的にお話します。

子どもに共感できる・共感できない時を把握する

子どもに共感できる時とできない時を振り返りましょう。次ページの図のように、時間を決めて「共感できた／共感できなかった子どもの言動とセリフ」を整理します。記入のポイントは次の2つです。

①場所や対象を記入する

場所や対象を記入することで、親御さんの子どもに対する共感の傾向が浮かび上がります。例えば、本人が頑張ったことには共感しやすくても、家族が関係していること、進んでやってほしいことには共感しにくいなど。

②常に子どもへの共感の言葉を記入する

子どもの言動に対する共感の言葉を書くことで、バリエーションが

曜日	時間	共感	共感できた子どもの言動とセリフ	共感できない子どもの言動とセリフ
月	朝	×		(自宅・兄弟) 朝からきょうだいゲンカ 「負けて悔しかったね」「怒られて怖かったね」
	夜	○	(自宅・本人) 頑張って学校へ行ったこと 「今日もお疲れ様」「頑張ったね」	
火	朝	○	(自宅・本人) 自分で起き、歯磨き・顔を洗ったこと 「1人で起きれたね」「もう歯磨きして、顔も洗ったんだね」	
	夜	○	(習い事・本人) スイミングに行ったこと 「スイミング楽しかったね」「お疲れ様」	
水	朝	○	(学校・先生? 友達?) 「学校に行きたくない」と言う 「行きたくないって思っているんだね」	
	夜	×		(自宅・本人) 宿題で癇癪を起こす 「間違えて悲しいね」「頑張ったのに悔しいね」

増え、次回からスムーズに言葉が出やすくなります。共感しにくい言動は誰にでもあります。「共感しよう」と心がけても言葉にしづらく、共感できない自分にイライラすることもあるでしょう。でも、感情の理解やコントロールが難しい発達障害やグレーゾーンの子への共感は、彼らの成長を引き出すためにとても大切なのです。また、自分が苦手なことに共感されると、相手との信頼関係が築かれます。

「感情の言葉」を意識して使いましょう。「ドリルの計算、間違えて悲しいね」「ゲームに負けて悔しかったね」「怒られて怖かったね」などのように、**感情語を使って共感することで、子ども自身がネガティブな感情を理解し、感情コントロールを少しずつできるようになります。**そして、イヤなことがあっても癇癪や暴言・他害などの問題行動ではなく、「悲しかった」「悔しかった」「怖かった」などの言葉で相手に伝えることができるようになるのです。

親の失敗談を話す

子どもに共感する時とセリフを決めても、共感はカンタンではありません。例えば、ゲームに負けて泣いている子に「悔しいね」と共感

共感しても癇癪が治らない時は親の失敗談を話す

の言葉をかけても、「そうじゃない！」と怒ることもあります。このようなやりとりが続くと嫌気が差すもの。そんな時には普段の生活の中で、「今日、会社でミスして悔しかったんだよ」など親御さん自身の失敗談を話してみましょう。また、「ママも小さい頃、ご飯食べるのが苦手だったんだよ」など子どもの時の失敗談もオススメです。

周りにいる大人の失敗談を聞くことで、子どもは「ネガティブな感情を抱くのは自分だけじゃないんだ」と受け止められるようになります。特に間違いや負けに敏感な子は、うまくいかないと、この世の終わりのように癇癪を起こすことがあります。でも、**パパやママ、先生の失敗談を聞くことで、間違えたり負けたりしても世界は終わらないと受け止めることができるようになります。**

子どもに共感しにくい方は、自分の感情を感じるのが苦手な場合があります。自分の中の「かなしい」「くやしい」「こわい」だけでなく、「うれしい」「たのしい」という感情も感じていますか？　言葉に出して伝えていますか？　パパやママ自身が自らの感情に気づくことで、お子さんに言語化しやすくなります。自分の感情を意識して言葉にすることも試してみましょう。

3

子どもがすでにできていることをほめる

発達障害やグレーゾーンの子は一度に複数のことに意識を向けるのが難しいため、「課題は1つ」に絞ることをお話ししました。でも、考えてみてください。小さい頃から周りと比べて発達が遅いと、この先もずっと課題が続く可能性があります。そうでなくとも、感覚過敏などの特性や周囲の無理解によって、毎日生きづらさを感じています。お子さんの成長を無理せず引き出すにはどうすればいいでしょう。

スモールステップの土台を作る

スモールステップとして、「課題を1つ」にすることは基本ですが、その前に「子どもが頑張れる土台」を作ってあげましょう。発達障害やグレーゾーンの子は小さい頃から失敗や注意されることが多く、負けたり間違えたりすることに敏感です。そのため、はじめてのことや難しいことにチャレンジしない傾向があります。親としては、「とりあえずやってみよう！」と背中を押したくなります。でも、お子さんが課題に取り組めるようになるためには、「自分はできる」と本人が感じることが大切なのです。

わたしたち大人も、「自分には無理」「どうせできない」と思ってい

すでにできていることを伝え、子どもが頑張れる土台を作る

たら、やる気がわきません。そんな自分へのマイナス評価は、これまでの失敗体験や周りからの言葉かけによることが大きいもの。逆境に負けずに人生を切り開いている方もいるでしょうが、何度も言うように、発達障害やグレーゾーンの子は失敗体験から学ぶことが難しいのです。そんな彼らを毎日の言葉かけ1つで自信をつける方法が、**子どもがすでにできていることを言葉にして伝える**ことです。

子どもがすでにできていることを伝える

例えば、1人で起きる、着替えるなど生活の中で「できて当たり前」と思うことに対し、「今日も1人で起きられたね」「着替えたんだね」などと声に出して伝えます。それにより、子どもが「できた」「できている」を実感できるのです。

子どもが1人でできるようになると、いちいち声をかけたり、ほめたりしなくなります。でも、発達障害やグレーゾーンの子の不器用さは着替えに影響したり、感覚過敏は歯みがきに強い痛みやストレスを伴ったりする場合があります。できて当たり前に思えることも、たくさんの努力や我慢の成果かもしれません。**すでにできていることを伝える**

	時間	すでにできていること	セリフ
1	朝	一人で起きる	「1人で起きられたんだね」
2		ハミガキ	「キレイに歯磨きできてるね」
3		顔を洗う	「顔も洗えたね」
4		トイレ	「もうトイレに行ったんだね」
5		朝ご飯を食べる	「おはしの持ち方頑張っているね」
6	平日昼	脱いだ靴をそろえる	「いつもそろえてくれて助かる、ありがとう」
7		手を洗う	「もう洗ったんだね」
8		1人で遊ぶ	「おままごと楽しそうだね」
9	休日昼	妹と遊ぶ	「妹と遊んでくれてありがとう」
10	休日夜	本を読む	「集中して本を読んでいるね」

ことで、子どもの中に「できた」がたくさん積み重なります。それにより、新しいことや苦手なことにチャレンジする気持ちが育つのです。

すでにできていることを10個書き出す

子どもがすでにできていることを言葉にするのは、カンタンそうに見えて、意外と難しいと思います。特に、今まで注意ばかりし、できて当たり前だと思っていると、視点を変えるのに苦労します。そこで、あらかじめ10個書き出し、それぞれのセリフを考えておきましょう。朝、昼、夜の時間帯や、平日、休日など曜日で分けて考えると出やすくなります。考えたセリフがとっさに出ない時は、手で「Good」「〇」のサインを伝えてもOKです。

他にも、お手伝いの時に「ありがとう」「助かるよ」という感謝や、子どもが好きなことをしている時に「楽しそうだね」「集中しているね」と伝えるのもオススメ。お子さんは「ママやパパが自分を見てくれている」と感じます。**子どもがすでにできていることを伝えることは、毎日の生活の中に肯定表現の声かけが増えるということ。**お子さんの心に安心感を与え、信頼関係を築くことにつながりますよ。

4

子どもの話を否定したり、さえぎったりしない

発達障害やグレーゾーンの子は、会話のキャッチボールや興味のない話が苦手な場合があります。自分の好きなことは止められるまで話すのに、好きじゃないことを質問すると、よく分からない返事や嘘のような話、何度も同じ話をくり返して、周りを混乱させることがあります。そうなると、「そんなこと聞いてないでしょ！」「そうじゃなくて…」と言ってしまいそうですが、少し注意が必要です。なぜなら、**子どもの話を否定したり、さえぎったりすると、本音を話してもらえない可能性があるから**です。

発達障害やグレーゾーンの子は「中枢性統合の弱さ」の影響で、自分の思いをスムーズに言語化することが難しい場合があります。中枢性統合の弱さがあると、様々な情報や概念をひとまとめにして考えられません。彼らは細かいことをピンポイントでとらえるのは得意ですが、複数の情報を結びつけるのは苦手で、時間の流れや状況の変化を客観的にとらえることができません。そのため、全体を把握して話すことが難しいのです。

話を否定されると「自分自身を否定された」と感じたり、まとまらない話をさえぎってアドバイスすると「責められた」と感じたりしま

話を最後まで否定せず、さえぎらずに聞く

す。子ども自身の中にこのような気持ちが積み重なると、話すことをあきらめたり、気持ちのすれ違いが生まれたりする可能性があります。

話を最後まで聞いたら分かった問題行動の原因

こんなケースがありました。言葉は2歳頃から出ていましたが、会話のキャッチボールにならず、登園しぶりが目立つ女の子がいました。園から帰宅すると何度も同じことを話すので、ママはどうしていいか分からずイライラ。園でのことを質問すると意味不明な返事が返ってくるので、「娘さんの話を最後までさえぎらず、否定せずに聞いてください」とアドバイスしました。何度かくり返すと、「朝の歌の時間がイヤだ。耳が痛いの」と話してくれたそうです。

このように、意味不明に見えても、子どもは何かを頑張って伝えようとしていることがあります。とはいえ、同じ話を何度も聞くのは大変ですよね。毎回最後までとは言いませんが、まずは「1日1回、5分だけ」を意識してみてください。お風呂や寝る前と決めてもいいですね。そうすることで、お子さんの話を聞くことが習慣になっていきますよ。

ただ「聞くだけ」は意外と難しい

ただ「聞くだけ」は意外と難しい

実践してみると、「話を最後まで聞く」は意外と難しいと気づくはずです。わたしが主催するおうち療育プログラム講座の中で、「相手の話を聞くワーク」があります。ママ同士がペアになって相手の話を聞くだけですが、途中でアドバイスしてしまう人が続出します。ワーク後でも、「途中でアドバイスされて聞いてもらえていない気持ちになった」「話が途中ですり替わってしまった」などの感想が出ます。初対面の相手ですらアドバイスしたくなる人が多いのですから、自分の子どもなら、なおさらでしょう。

いつも早口でせかせか話す年長の女の子がいたのですが、どうしてそんなに焦って話すのか分かりませんでした。話をじっくり聞いたところ、「だって、早く話さないと、ママが聞いてくれないから」と教えてくれました。最後まで話を聞くことは、「受け止めてもらえた」と子どもの気持ちが安定することにつながるのです。

5

言葉が話せない子に気をつけたいこと

発語がなかったり、遅かったりすると、「同じ年頃の子はしゃべっているのに…」と焦りますよね。最初は「ちょっとゆっくりな子なのだろう」と見守っていたけど、ついイライラして怒ってしまう、発語を厳しく促してしまう、というお悩みをよく聞きます。

現在は、発語を促すための様々な情報をインターネットでキャッチできる時代になりました。ＳＮＳなどで発信している保育士さんや言語聴覚士さんもいます。ただ、それらをそのまま実践するのは注意が必要です。なぜなら、お子さんの発達や状態を無視した方法になる場合があるからです。発語がないお子さんをお持ちの親御さんは、「一語でも声に出してほしい」という切実な思いがあると思いますが、そんな時こそ、お子さんに寄り添いながら接することが大切なのです。

言い間違いはいったん受け止める

お子さんに絵カードなどを見せて、発語を促す練習をさせている人もいるかもしれません。でも、発達障害やグレーゾーンの特性から考えると、あまりオススメできません。彼らは興味・関心の幅が狭い場合があるため、興味のないことを促されても意味を見出せません。ま

言い間違いは指摘せず、いったん受け止める

た、本人は「言っているつもり」ということがあります。それなのに何度も言い直しや練習をさせられると、責められている、意地悪されていると受け取ってしまうのです。また、聴覚の問題が影響している場合もあり、言い直しは失敗体験のくり返しにつながります。

言い間違いがあっても、指摘したり言い直させたりせず、いったん受け止めましょう。例えば、「おとそであそびたい」と言い間違えた場合は、「うん」と受け止めてから「お外で遊びたいんだね」などと、子どもが言いたかったことを代弁します。言い直しさせると、子どもは「しゃべってもいいことない」と感じて、発語自体が減ってしまう可能性があるのです。

発語を促す環境を作る

お子さんの発語を促すためには、声が出る環境を作りましょう。例えば、嫌がらない程度にくすぐる。もし、「アハハ」と声が出たら、「アハハって言えたね」「声が聞けてうれしい」と強化※する。

そうすることで、お子さんの中に「声を出す」ことでママやパパが

※強化とは、肯定的な注目をすること。ほめる、ものをあげる、サインを送る、認めるなど、子どもがうれしい刺激を与えること。

発語を促す環境を作る
後続刺激
行動
先行刺激
コチョコチョ～
アハハ
アハハって言えたね 声が聞けて嬉しい

自分を見てくれる、笑顔になってくれるというパターンができます。これは、ＡＢＡ（応用行動分析学）に通じるものでもあります。ＡＢＡは子どもの行動の目的を明確にし、問題行動を改善する療育方法ですが、適切な行動を引き出すためにも効果的です。

発語を促すことに関わらず、できないことをできるようにするためには、できていないことを練習させがちです。わたしたちも、小さい頃からスキルを獲得するためには練習が当たり前でしたよね。でも、彼らは関心が薄いものには見向きもしません。こちらがどんなに促しても、スタートラインにすら立ってくれないこともあります。そんな彼らから、言葉や行動を引き出すには、「もっとやりたい」という気持ちに目を向けることが大切です。

例えば、お気に入りの本を読んでいる途中で止めて「読んで」という要求語を教えたり、好きなおやつを少なめにあげることで「もっと」「食べたい」「ちょうだい」という要求語を教えたりします。そして、それらの要求にすぐ答えてあげることで、子どもがスムーズに言葉にできる環境を作ることができるのです。

6

言葉が話せる子に気をつけたいこと

発語が早く、難しい言葉を使えても、注意は必要です。なぜなら、**子どもが言葉を流暢《りゅうちょう》に話せると、何でも理解していると思い込みがち**だからです。しかし、実際は言葉の意味を理解していないことがあります。また、語彙力《ごいりょく》があると大人から抽象的な指示も増えます。

言葉が話せる子も、「興味や関心の幅が狭い」という特性が備わっている場合があります。例えば、鳥が好きな子は珍しい鳥の名前を知っていたり、歴史が好きな子は将軍や城の名前を記憶していたりします。ただ、覚えたことを一方的に話すのは得意でも、他の人の話になると怒ったり、その場からいなくなったりします。

言葉を話せて、知識を持っているので「そのうち、うまくコミュニケーションできるようになるだろう」と思いがちですが、このような場合にも適切なコミュニケーションを教えることが必要です。ただ、子どもが一方的に話しているのをさえぎって教えることはオススメできません。コミュニケーション力を伸ばすためには、子どもの「もっと話したい。話すのが楽しい」という気持ちを大切にしましょう。

難しい言葉を使う子、一方的に話す子の接し方

子どもが難しい言葉を使っていたり、語彙力があって流暢にしゃべったりしている時、あえて言葉の意味を質問してみましょう。お子さんの話を聞きながら、「難しい言葉知っているんだね。それって、どういう意味？　教えてほしいな」と聞いてみてください。もし、**言葉の使い方や意味を理解していない場合は、間違いを指摘するのではなく、「ママも知らないから調べてみようか」と一緒に調べます。**

特に、好きなことを話している時に、否定や指摘をされるとパニックになりかねません。言葉の使い方を指摘しただけなのに、子どもによっては「好きなことを否定された」と受け取ってしまうのです。

自分ばかり一方的に話す子は、「話す順番」を理解していないことや、周りの人の「気持ち」「表情」を感じ取る力が弱い場合があります。なぜなら、ルールや人の気持ちなど目に見えないものを理解する力が弱かったり、周りが自分と違う考え方を持っていることを理解していなかったりするからです。その結果、周りをイライラさせるのです。

人の気持ちや表情を理解できるようになるコツ

これはどんな顔かな〜?
じゃあこっちはどうかな〜?
わかるよ!
えっと、えっと…

このような時は、しりとりやなぞなぞを通し、交互に話すことができるか確認しましょう。交互に話すのが難しい場合は「ぬいぐるみを持っている人が話す」と視覚的なルールを設定すると理解しやすいですよ。

人の気持ちや表情を理解できるようになる方法

人の気持ちを理解できるようになるためには、本人が十分に共感されたと感じる経験が必要です。例えば、お友達や家族を傷つける発言があった時、「人の気持ちを考えなさい」と反省させるのではなく、まずは「何かイヤなことがあったんだね」といったん受け止めることが大切です。

表情の理解には、鏡や写真・イラストを使ったゲームをしましょう。まずは鏡で自分の顔を見ながら、親御さんと同じ表情をして楽しみます。親御さんが「かなしい」「うれしい」などの表情をして、「これって、どんな顔?」などとクイズを出すのもオススメ。また、あらかじめ写真やイラストで感情一覧を作り、貼っておくと少しずつ表情の理解が育ちますよ。

第5章

子どもの問題行動に反応しないコツ

子どもが問題行動を起こした時、つい怒ったり無視したりしていませんか？　その結果、問題行動が増えていると感じたら、接し方を変える必要があります。本章では、子どもが幸せな大人になるための接し方をお話します。

1

「無反応」ですることを決めておく

第2章で、子どもの困った行動に注目すると問題行動を強化することになるので、「無反応」でいようとお話しました。癇癪を起こす子どもへの「無反応」を例に、やり方をおさらいしましょう。

①癇癪を起こしている子ども
②怒らない（声をかけない）、にらまない（視線を与えない）。子どもが危険な行動をしないよう注意しつつ、見ないふり
③子どもが落ち着いてくる
④側に寄り、子どもがイヤなこと（癇癪の原因）に共感する（「かなしかったね」「くやしかったね」「こわかったね」など）

文字にするとカンタンですが、実践すると難しいと感じる方がほとんどです。あなただけではありません。わたしも、何度も何度も失敗しました。はじめのうちは反応せずにいられますが、2人だけの部屋で10分も20分も泣き叫ばれると頭がおかしくなるような気がしてきます。「無反応をしなきゃ」と思ってはいても、息子の泣き声に耐え切れず、結局は怒って泣き止ませるというくり返し。そのせいで、息子の癇癪が1日に何度も起こるようになりました。

「無反応」のやり方

そんな毎日を送っていたある日、息子がまったく笑わなくなっていることに気づきました。暗く、寂しそうな息子の表情を見て、自分が本気で変わらなきゃいけないと決意しました。この変化に気づくまで、わたしは息子の特性を「わがまま」ととらえていました。特性や接し方が原因ではなく、わがままのせいで癇癪を起こすんだ、と心の底で思っていました。だから、いつもどこかで息子のせいにして、自分の言動を変えることができなかったのでしょう。

現在の関わりが子どもの将来に影響する

無反応は、癇癪などの問題行動を改善するだけでなく、感情の理解やコントロールを促すことにもつながります。未就学や1年生くらいの子のママは、年齢とともに癇癪が落ち着くと思っているかもしれません。でも、子どもの頃に適切に対処されないと、大人になっても怒りをコントロールできません。自分のミスを他人のせいにする、嘘をつく、泣く、暴れる、壁をなぐるなどの行動に出てしまいます。これでは職場の中で浮いたり、離職をくり返したりする原因となります。**今の子どもへの接し方が、将来のお子さんの人格や周囲とのコミュニケーションに大きく影響することを理解しておきましょう。**

「無反応」で子どもが落ち着くまでのオススメ

「無反応」を成功させるコツ

「無反応」を成功させるためには、「無反応の時に何をするか」がポイントです（「無反応」のやり方❷の部分）。子どもが危険な行動をしないよう注意を向けておくことは大切ですが、意識を向け過ぎると泣き声などが気になります。そこで、何をして子どもが落ち着くのを待つかをあらかじめ決めておきます。それにより、目の前のことに意識を向けることができるのです。例えば、次のような手を動かすことがオススメ。

- 子どもに背を向けて、洗濯物を畳《たた》む
- 子どもの姿が見えるキッチンで、洗い物や料理をする
- 子どもが癇癪を起こしている時間を計る

おもちゃやゲームなど癇癪の原因になったものに触ると、注目を与える可能性があるので注意しましょう。また、子どもが危険な行動をしない場合は、別室に一時的に逃げてもいいと思います。お互いが視界に入らないことで刺激が減り、クールダウンになりますよ。

2

「無反応」で子どもの行動がますますひどくなる時

「無反応」を実践すると、追いかける、叩く、暴言を吐く、危険な行動をするなど、余計にひどくなることがあります。これは、今までの自分に対する注目（怒る、さとす、励ます、にらむなど）がなくなったことで、お子さんが混乱しているのです。「今まではこうだった」という見通しが崩れ、パニックを起こしている状態です。

このような行動が起きると「無反応」の継続が難しく、対応に迷いますよね。落ち着かせるために声をかけたくなりますが、ここで「無反応」を止めてしまうと、子どもは「ここまですれば、こっちを向いてくれるんだ」と学んでしまいます。そうならないように、いくつかのパターンに分けて接し方をお話しましょう。

「無反応」の副作用が起きる場合

「無反応」により、子どもが追いかけてくる場合は、次から事前にこれからどんな行動を取るか教えてください。子どもの年齢にもよりますが、口頭だけでなく、視覚的に伝えましょう（次ページ参照）。流れを一覧にして説明します。大切なのは癇癪中ではなく、心や行動が安定している時に教えること。大人も、腹が立っている時や悲しい時は、「そ

「無反応」の流れをイラストで説明する

っとしてほしい」と思いますよね。「無反応」に関わらず、子どもに何かを教えるなら落ち着いている時にしましょう。

子どもが叩く、暴言を吐く時も同じです。小さな子どもでも叩かれたら痛いし、暴言を吐かれたら腹が立ちますよね。でも、ここで反応してはいけません。**専門家の間では、発達障害の子どもは思春期の10～17歳の間に不安やうつ、不登校や暴力などの二次障害が現れやすく、その原因の1つが子どもの癇癪への関わりだと考えられています。**お子さんが小さいうちの関わりは、この先の人生に大きな影響を与えます。できることからやっていきましょう。

また、人を叩く、物を投げる、暴言を吐く子は自分の気持ちをうまく話すことが難しく、手や足が出てしまいがちです。注意や叱責がくり返されることで感情理解やコントロールが進まず、自己肯定感の低下につながる原因にもなります。「無反応」でしっかり共感することで、乱暴に見える子にも寄り添うことができます。

子どもが危険な行動を起こしそうな場合

「無反応」で危険な行動を誘発しそうな時の事前予防策

「無反応」により、命に関わる危険な行動をする子もいます。そのような可能性がある場合には、事前に環境を整えておきましょう。例えば、ベランダから飛び降りかねない場合は鍵を二重にかけておき、包丁やはさみなど1人で触ってほしくないものを持ち出しかねない場合は手の届かない場所へ隠しておきます。

また、やってほしくないことを事前に「やってはダメ」と約束させたり、視覚的に「立入禁止」と提示したりするのはやめましょう。言葉や視覚的な指示が刺激となり、逆に注目してその行動を起こしやすくなる可能性があるからです。

「無反応」をすると決めても、家族や同僚の理解が得られないという声もよくお聞きします。子どもの問題行動が落ち着くことが説得材料と言えますが、それまで1人で頑張るのは限界があります。時には、「どうして自分だけ頑張らないといけないの?」と心が折れることもあるでしょう。そうならないためにも、事前に家族や同僚と信頼関係を築き、協力を求められるようにしてくださいね。

3
親もスモールステップのスケジュールを立てる

これまで、子どもに課題を与える時はスモールステップにする、頑張る土台を作るために「すでにできていること」をほめる、とお話ししました。実は、これは親御さんや先生にも当てはまることです。特に、責任感が強い方は自分に厳しい傾向があります。

子どもに否定的な言葉かけをしていた、視覚的な指示がいいと分かってもやらなかった、「無反応」をしようとしてもすぐ怒ってしまう、そんな風に自分を責めていないでしょうか。接し方を変えられずにイライラして、子どもに当たって自己嫌悪に陥る方もいるかもしれません。でも、お子さんのために多くのことをされているはずです。

親御さんの場合は、ご飯を作る、洗濯・掃除をする、起こす、準備を手伝う、一緒に遊ぶという当たり前に感じることもそうです。慣れているとはいえ、お子さんが健康で楽しく、快適に過ごせる工夫を日常の中でたくさんやっています。

先生の場合は、あいさつをする、学びを提供する、お友達との関わりを促す、家族以外の人とのコミュニケーションを築くなどがありますよね。ご職業として当たり前だとしても、子どもの人間形成に影響

親自身のためのスモールステップを考える

を与える大切なお仕事です。

親御さんも先生も、十分に尊いことをされています。でも、できていないことばかりが目につくのはなぜでしょう? 問題行動がなかなか改善しない不安もあるかもしれませんが、日頃の頑張りを周りから感謝されることが少なかったり、ご自身の頑張りを認めていなかったりしていないでしょうか。

親のためのスモールステップを考える

お子さんへの接し方をなかなか変えられず、子どもや自分を責めていると感じる方は、ご自身のスモールステップを考えてみてください。「いつかやろう」では後回しになるので、「今週は○○をする」などのスモールステップを時間を決めて手帳に書き込みましょう。

スモールステップのスケジュール例

1~7日: 自分がすでにできていることを1日1個手帳に書く
例 宿題の丸つけをした

8~14日: 自分がすでにできていることに対して、自身でねぎらいの

日	月	火	水	木	金	土
1	2	3	4	5	6	7
1〜7日：自分がすでにできていることを1日1個手帳に書く						
8	9	10	11	12	13	14
8〜14日：自分がすでにできていることに対して、自身でねぎらいの言葉を手帳に書いて声に出す						
15	16	17	18	19	20	21
15〜21日：子どもを1週間観察して、気になる言動を手帳に書く						
22	23	24	25	26	27	28
22〜28日：前週で記入した子どもの気になる言動を参考に、何を変えられるか検討し、接し方を変える						
29	30	31	32	33	34	35
29〜35日：子どもができた時(荒れなかった時)と、できなかった時(荒れた時)の言葉かけ、自分の行動・変化を具体的に考える						

言葉を手帳に書いて声に出す

例 昨日はママ業もお仕事も大変だったね。お疲れさま

15〜21日：子どもを1週間観察して、気になる言動を手帳に書く

例 習い事の日は荒れる

22〜28日：前週で記入した子どもの気になる言動を参考に、何を変えられるか検討し、接し方を変える

例 習い事を休ませて様子を見る

29〜35日：子どもができた時（荒れなかった時）と、できなかった時（荒れた時）の言葉かけ、自分の行動・変化を具体的に考える

【子どもができた時の例】

言葉かけ：「今日は笑顔が多いね」

自分の行動・変化：子どもを観察する気持ちがあったので、余裕があった

【子どもができなかった時の例】

言葉かけ：「イライラしているみたいだね。話を聞こうか？」

自分の行動・変化：「習い事に行ってほしい」という本音に気づいた

決めた通りにできなくても、自分の頑張りを認めてあげる

手帳で
1日の振り返り
今日は、仕事で色々あって
疲れたよね。頑張ったね。

このように、最初は無理のないスケジュールを立てます。また、自分をねぎらうことは1～14日までにしか書いていませんが、その都度ご自身の行動を認めるクセをつけましょう。もし、**決めた通りにできない時があっても、頑張りを認めてあげてください。**疲れていても手帳を開いて振り返ったことに対し、「今日は仕事で色々あって疲れたよね。頑張ったね」と自分をねぎらってあげましょう。

自分よりお子さんのことを第一に考えられていると思いますが、**自分の小さな変化や頑張りに目を向けられるようになると、子どもの変化や頑張りにも気づいてあげられるようになり、肯定的な言葉かけも出やすくなります。**今まで、家事や育児、仕事は当たり前と思っている方に特にオススメですよ。

4

「無反応」は安心できる自宅で始めよう

「お子さんのこと、もっとちゃんと見てあげたほうがいいですよ」園長先生にこのように言われて、泣き出してしまったことがあります。子どもが大声で泣いているのに、母親は見て見ぬふり…「無反応」を実践している姿がそんな風に見えたのでしょう。

子どもの問題行動を改善するためには、接し方を一貫すると効果が早く出ると言われています。しかし、子どもの問題行動に対して「無反応」を実践している時、周りの視線がどうしても気になります。ママ友、店員さん、お客さん、ご近所さん、先生、家族…様々な方向から、冷たい視線や心ない言葉が突き刺さることがあります。

このような時は他の方法を決めておきます。例えば、お店でお菓子を買ってもらえなくて子どもが泣いている時は買ってあげる、いざとなったら怒ってあきらめさせる、これらも選択肢として持っておくといいですよ。

自宅での成功体験を積み重ねる

人がたくさんいる場での「無反応」は、大人も子どももストレスを

自宅での「無反応」成功体験を積み重ねる

感じます。「無反応」をできない自分を責め、そのストレスが子どもへの怒りに変わることもあります。特に、ワンオペでは余裕がなく悪循環になることも…。まずは、自宅での「無反応」から始めましょう。**刺激の少ない自宅での成功体験を積み重ねることが大切です。**安心できる自宅でできないと、刺激が多い外出先ではさらにハードルが上がります。

「無反応」を成功させるためには、子どもが自宅を「安心して過ごせる場所」だと感じられる必要があります。長い時間過ごす「自宅」で不安やストレスを多く感じてしまうのでは、問題行動が起きやすくなるからです。感覚過敏はないか、一番リラックスしているのはどこで何をしている時か、などを書き出してみてください。

子どもに合ったクールダウンの方法を探す

「無反応」と同時に、クールダウンの方法も見つけられると問題行動がグッと減ります。クールダウンとは、子どもが問題行動を起こした時に、安心できる場所で気持ちを落ち着かせる方法です。子どもによって場所や方法は変わりますが、事前に「どこで、何をするか」を決

子どもに合ったクールダウンを行う

めて、練習しておきましょう。

クールダウンは、子どもがよくやる行動を取り入れるのがポイント。例えば、すぐ人を叩いてしまう子のケースで考えましょう。衝動性の特性がある場合、「叩いてはダメ！」と言ってもすぐに改善されません。このような時は、クッションなどを叩くように促します。子どもが落ち着いている時に、「イライラしたら、クッションを10回叩こうね」と練習します。

本人も、つい手が出る自分を責めている場合がほとんどです。子どもがイライラし始めたらクッションを見せたり、いつも見えるところに置いたりすることで、少しずつ気持ちを切り替えられるようになりますよ。

5 子どもを怒ってしまった時は素直に謝る

子どもの問題行動を怒っても効果がないと頭では分かっていても、「怒らない」を実践・継続することは、とても難しいことです。みなさんも、「怒る自分を変えたい」「やさしいママ・パパになりたい」と思われているはずです。わたしは職業柄「子どもを怒らない」と思われがちですが、そんなことはありません。息子を育ててきて大切だと感じるのは、**怒らない人になるのではなく、怒っても大丈夫な関係を作る**ということ。

肯定表現の言葉かけを心がけ、接し方を変えても、怒らない人になれるわけではありません。怒りを抑えたくても言葉が勝手に出てしまうことも多いですよね。だから、**怒ってしまった時は素直に謝る**ようにしています。最初は、息子に謝ることに抵抗がありました。でも、そのせいで息子が謝れないことに気づいたのです。

謝れない子どもに起きていること

息子は小さい時、公園でお友達に砂をかけても、物を投げても決して謝ることができない子でした。当時、相手に迷惑をかけた時は、理由がどうあれ、謝ることを強制していました。でも、子どもの特性を

謝れない子どもには何が起きているのか？

理解してからは、いったん立ち止まって「息子にも何かイヤなことがあったのかもしれない…」と考えることにしたのです。

年長の時、息子は急な変化を受け入れられず、パニックをよく起こす子でした。ある日、クラスによく知らない教育実習生がいたことで怖くなり、補助の先生に噛みついてしまったことがあります。それまではパニックを起こしても、クラスから脱走するか泣くかだったので、申し訳ない気持ちになるだけでなく、とてもショックを受けました。しかし、息子は反省の様子がなく、「ごめんなさい」も言えませんでした。彼には、「いつもいない先生がいるなんて聞いていない！　自分は被害者だ」という気持ちがあったのだと思います。

この時、まずは息子に「イヤなことがあったんだね」と共感をしました。すると、それまでヘラヘラしていた息子が急に泣き出しました。自分の怖さを分かってもらえたと思ったのでしょう。翌朝、先生に謝ることができました。このことで、この先も息子が自分の行動を振り返って間違いだと思った場合は、謝ることができると分かって安心しました。

「謝る」「反省」は親がお手本となる

「謝る」「反省」は親がお手本となる

このように、人を傷つけても反省できない時は、「感情理解・コントロール」「謝る」を理解していない可能性があります。謝れなかったり、反省できなかったりすると、「もっと厳しくしつけないと!」という方向に行きがちです。でも、**「反省」も「謝る」も、1人ひとりの特性にあった教え方をしないと理解が難しい**のです。

ただ、いつも側にいるママやパパが日常の中で「謝る」「反省する」ことでお子さんに自然に届きます。わたしも感情的に怒ってしまった時には、意識して「イライラして怒っちゃった。ごめんね」と伝えるようにしています。

また、「謝る」「反省する」が難しい子は、「負ける」「間違える」と同じように感じている場合があります。そのような子どもも、ママやパパが自分に謝ることを通して、気持ちがラクになる、謝っても悪いことが起きないという体験になりますよ。

6 子どもへの接し方を変える場合は2週間継続する

これまで、言葉かけや「無反応」など、子どもの問題行動を改善するための方法をお話してきました。一度読んだだけではすべてを理解することは難しいので、1つでも「コレをやる！」と決めて、スモールステップで実践してみてください。

成功の秘訣は、怒ってしまっても、できない日があっても、2週間継続することです。この2週間は新しい変化に慣れる期間です。今までと違う言葉かけに混乱したり、失敗したりすることの方が多くなります。効果を感じるよりも、今までより悪化したように思えることもあるので、「これはうちの子には合わない」と早々にやめたくなるかもしれません。

しかし、失敗しながらも課題を1つに絞り、2週間継続することで、つまずきや成長が客観的なデータとして把握できるようになります。例えば、子どもが癇癪を起こすタイミングやきっかけが分かったり、自分の言葉かけのクセに気づいたりします。

問題行動が改善する2週間の過ごし方

問題行動を改善する2週間の状況をメモする

2週間の間は、子どもと自分の変化をできるだけ細かくメモしましょう。手帳やノート、スマホのメモ機能など、使いやすいもので大丈夫です。まず、子どもの問題行動を1つ選び、その行動に対してどんなことを実践するか、行動目標と期間を決めましょう。

・行動目標　例癇癪への「無反応」
・期間　例1月1日〜1月14日

行動目標を決めたら、次の内容をメモしていきます。

・癇癪が起きた時間帯　例朝ごはんの時
・癇癪が起きる前の出来事　例テレビがもっと見たかった
・その時の自分の対応　例「無反応」ができた
・子どもの様子　例いつもより早く泣きやんだ
・気づいたこと　例気持ちの切り替えが早い

このように、毎日の子どもの様子や癇癪が起きた状況、自分の接し方などをメモすることで、お互いの変化が見えてきます。

子どもの問題行動に対する行動目標：癇癪に「無反応」をする　　期間：1/1〜1/14

日	月	火	水	木	金	土
1 •好きなことをして遊んで穏やかだった	2 •朝ご飯 •癇癪 •TVを途中で消した •無反応できた •いつもより早く泣きやんだ •気持ちの切替えがいつもより早い。お腹が空いてない?	3 •寝る前 •癇癪 •YouTubeを途中で消した •無反応できなかった •眠かったのかも •習い事があったから? 子どもに謝れた	4 •特に何もなく、穏やかに過ごせた	5 •寝起き •癇癪 •学校の準備を促した •共感できなかった •学校準備が苦痛? •準備を手伝おうかな	6 •夕食後 •イライラ •ゲームで負けた •無反応できた •感情コントロールが難しい? •明日が休みで余裕があった	7 •お昼前 •癇癪 •家族で外出しようとした •無反応できなかった •急な外出で混乱? •急な予定変更に弱いかも
8 •家でゲームして遊ぶ。1日中穏やかだった	9 •癇癪なし。学校の準備を手伝うと比較的スムーズ	10 •寝る前 •癇癪 •機嫌が悪かった •共感できなかった •疲れていた? •習い事が原因?	11 •夜ご飯 •イライラ、暴言 •ご飯を食べていた •無反応できた •癇癪を回避できた •無反応で切替えが早くなった	12 •ゲームで負けてイライラしていたが、無反応をすると落ち着いた。「悲しかったね」と共感することができた	13 ★気づいたこと •朝ご飯少なめ •学校準備を手伝う •イライラから無反応をすることで、穏やかな時間が増える	14 •午後 •癇癪 •ゲームをしていた •無反応できた •無反応で切替えが早くなった •無反応のコツがつかめてきた

２週間後には、メモ全体を振り返りましょう。特に、「癇癪が起きる前の出来事」に解決のヒントが詰まっています。お子さんの問題行動が減っている場合は、言葉かけや接し方がお子さんに合っているということ。逆に、問題行動が増えている場合は、言葉かけや接し方を振り返る機会です。この振り返りの時に、メモがとても役立ちます。面倒くさいかもしれませんが、**子どもの行動が早く改善した方はみなさんメモを取られています。**書けない日があっても大丈夫。あきらめずに、ぜひ２週間書いてみましょう。

また、２週間経ってもお子さんの問題行動が特に変化しない場合もあるでしょう。そのような時は、言葉かけや接し方の何かがすれ違っている可能性もありますが、成長がゆっくりなことや克服できない特性が関係していることもあります。このような場合は、子どもの成長ペースに合わせて長期目標を立てるのもサポートの1つです。時間が解決してくれることもあるので、今できることに目を向けましょう。

子どもの成長を引き出すための長期目標
小学校入学までに何でも1人でできるようにする
間に合うかな…
入学
小学校6年間を通して何でも1人でできるようにする
心に余裕
卒業
入学

子どもの成長を引き出すための長期目標

「子どもの成長ペースに合わせて長期目標を立てる」と聞くと、先が見えず不安になるかもしれません。でも、課題の取捨選択をする機会でもあります。子どもに対して「課題は１つ」を実践すると、「本当はできる力を持っていたんだ！」と感じることがあるはずです。周りのお友達より発達が遅いと、先々が不安になりますが、**子どもに合った長期目標を立てることで本来の力や成長を存分に引き出すことができるようになります。**例えば、「小学校入学までに何でも１人でできるようにする」ではなく、「小学校６年間を通して何でも１人でできるようにする」という目標にすると、心に余裕が出てくるでしょう。

発達や成長が遅れていると、追いつくためにどうするかを考えてしまいます。でも、子どもに合ったペースで安心できる接し方をした親御さんは、「小学校高学年以降で、思いもよらない成長を目にした」とおっしゃいます。そのためには、「家族が自分のことを理解してくれている」と思えることが大切なのです。

監修者から本書を読み終えたみなさまへ

お読みになって、みなさん、どんな感想を持ったでしょうか？

この本で浜田さんが訴えられたことには、通常の育児書とはちょっと違った視点がつらぬかれていることにお気づきでしょう。

私たちは、どうしても子どもたちのできないところ、苦手なところに目をやって、それができるようになることを願って育児をしがちですね。それはわが子への期待が大きいからなんですが、当の子どもからしたら、苦手なことをさせられることになるわけですから、あまりありがたくないのです。デリケートな反応をするお子さんには特にそうです。

それよりも、子どもがちょっとでもできていることに目をつけ、それを評価し、もっと伸ばしていくことを応援する、その方が子どもにとってありがたいのです。そのことは最近の脳科学でも実証されています。

考えてみれば当然と思えるのですが、これを実践することが実際には難しい、それが親の実感だと思います。でも、この本で浜田さんは自らの経験に基づき、そのことができるようになることがデリケートな反応をするお子さんには決定的に大事と気づき、それを懸命に努力して実践し、その方法を体系化しようとされたわけです。

本書では「発達障害」という言い方がされていますが、私はできることと、できないことの差がとても大きい子どもたちと考えて、なるべく「障害」という言葉を使わないで扱おうと努力してきました。最近では脳回路（ニューロ）の多様性を認めて、その少数派ということで「ニューロマイノリティの子たち」という言い方も広がってきました。

私の身近でも、小学校の特別支援学級でたまたま授業を受ける機会があった子に、そのときの感想を聞いたら、「とてもよかった。だって静かだったもん」と言っていたことがありました。通常の授業では、先生の声と友達のおしゃべり、外の自動車の音等がごっちゃに耳に入ってくるので、先生が何を言っているのか分からないことが多いとのこと。

要するに、その子は感覚過敏の子だったのです。大きな音に過敏に反応して恐れを抱き、色々な音が耳に入ってきても、必要な音だけを選択して聴く、ということが苦手。感覚過敏の子は、大人が気がつかなかっただけで、相当の割合でいることが最近分かってきました。医学的には、こうした子は発達障害には分類されず、「ＨＳＰ」と言われます。

同時に、本書で浜田さんのお子さんの例でも紹介されていますが、デリケートな反応をするお子さんの中には、通常の子どもよりもあることがとても得意な子もたくさんいます。

ちょっと扱いにくい、と感じたお子さんには、できないことを探してできるようにさせるよりも、得意なことを探して、それを評価し、伸ばす育児をする方が間違いなく楽になりますし、子どももありがたいということになります。

その意味で、「子どもには様々なタイプがある、みんな虹色のどこかにいるのだ」という見方をした方が、子どもも保護者も楽になり、子どもも伸びていくはずです。

でもそのためには、苦手なことは何かをしっかり知り、そこは丁寧にその子ができるような配慮をすることが必須になります。本書はそのための知恵の体系になっています。

いつか「グレーゾーン」という言葉も必要なくなり、虹色の子たちそれぞれにあった子育て教育を、という時代が来る、本書はそのことを予兆させる本なのです。

東京大学名誉教授、家族・保育デザイン研究所代表理事
汐見稔幸

参考資料

- 佐々木正美 著『子どもへのまなざし』(福音館書店)
- 齊藤万比古 編著『発達障害が引き起こす二次障害へのケアとサポート』(学研プラス)
- 上原芳枝 著、榊原洋一 監修『発達障害サポートマニュアル 園・学校・家庭での実例集』(PHP研究所)
- 和久田ミカ 著『叱るより聞くでうまくいく 子どもの心のコーチング』(KADOKAWA/中経出版)

著 **浜田 悦子（はまだ・えつこ）**

1979年生まれ。発達障害・グレーゾーン専門家庭療育アドバイザー。子どもが3歳児健診で発達障害を指摘されたことがきっかけで、発達支援センター（現LITALICOジュニア）の指導員となる。以来、2,300人以上の親子に関わる。2014年の独立後は、自身の経験や学びをベースに、家庭でできるオリジナル療育メソッドを確立。療育を受けられない子どもや子育てに戸惑う保護者の悩みに寄り添い、自宅でできる療育メソッドを提案している。朝日新聞、毎日新聞、中日新聞、週刊誌AERA、ひよこクラブなどメディア掲載多数。また、大学での講演も行う。発達凸凹アカデミーの講師として、生涯学習のユーキャン「子ども発達障がい支援アドバイザー講座」「思春期発達障がい支援アドバイザー講座」の執筆・監修。

監修 **汐見 稔幸（しおみ・としゆき）**

1947年大阪府生まれ。2018年3月まで白梅学園大学・同短期大学学長を務める。東京大学名誉教授、日本保育学会会長、全国保育士養成協議会会長、白梅学園大学名誉学長、社会保障審議会児童部会保育専門委員会委員長、一般社団法人家族・保育デザイン研究所代表理事。専門は教育学、教育人間学、保育学、育児学。21世紀型の教育・保育を構想中。保育についての自由な経験交流と学びの場である臨床育児・保育研究会を主催。同会発行の保育者による本音の交流雑誌『エデュカーレ』の責任編集者も務め、学びあう保育の公共の場の創造に力を入れている。小西貴士氏らと21世紀型の身の丈に合った生き方を探るエコビレッジ「ぐうたら村」を建設中。

シリーズ 子育てのうしろだて

発達障害＆グレーゾーンの子どもを
「急かさず」「怒らず」成長を引き出す言葉かけ

2023年8月20日　初版第2刷発行

著　者　浜田悦子
監　修　汐見稔幸
発行者　小山隆之
発行所　株式会社実務教育出版
〒163-8671　東京都新宿区新宿1-1-12
電話　03-3355-1812（編集）　03-3355-1951（販売）
振替　00160-0-78270

印刷／株式会社文化カラー印刷　　製本／東京美術紙工協業組合

ISBN978-4-7889-0928-1　C0037